朝日新
Asahi Shinsho 434

歴史の読み解き方

江戸期日本の危機管理に学ぶ

磯田道史

朝日新聞出版

歴史の読み解き方　目次

江戸の武士生活から考える　9

会社も国家も家族の延長　11
濃尾平野で生まれた江戸的な武士団　14
中世的家臣団の限界　18
長州藩奇兵隊の「散兵」戦術　20
『坂の上の雲』の裏にあるもの　23
永代雇用を約束した藩組織が鉄壁の軍隊をつくった　26
追いつめられた日本人はどんな変革ものみこむ　30

甲賀忍者の真実　35

忍者と分限帳　37
甲賀者と幕藩社会　38
忍者の任務とは？　44
忍者の定義　47
甲賀のリテラシーは高かった　49

三河武士の鑑・鳥居元忠の真実 55
関ヶ原の戦いと甲賀忍者の活躍 58
甲賀者と伊賀者の待遇のちがい 60
忍者の危険度と死亡率 62
「甲賀未来記」の予言 67
「大忍の大事」こそ忍者の神髄 68
人間を知るための極意「四知の伝」 70

江戸の治安文化 73

いつから日本は人命にやさしい国になったのか 74
江戸は意外にも銃が蔓延した社会だった 77
日本の犯罪発生率の低さは綱吉時代に始まる 82
治安は町や村の自警力によって維持 86
日本は国際的に最も犯罪の少ない国家 92
「人を殺さない日本人」はなぜ生まれたか 96

長州という熱源　101

「幕府追討はいかがでございますか」　102
長州藩のGDPを計算する　105
長州藩のリテラシーの高さ　111
独特な御前会議と士官学校の設立　117
国を想うがゆえの危うさ　129

幕末薩摩の「郷中《ごじゅう》教育」に学ぶ　133

危機に備えのない現代日本　134
柳田國男が求めた「判断力の教育」　136
会津藩は身分ごとに道徳律を定めた　142
大隈重信は佐賀の詰め込み教育に怒った　146
薩摩では「俸禄知行」が売買できた　152
きわめて実践的だった薩摩の「郷中教育」　156
いかにして想定外をなくすか　162

良いと思った価値を次世代に伝える努力　168

歴史に学ぶ地震と津波　171

明応の南海トラフ大津波の凄まじさ　173
「日本丸」はレーダーが弱い　176
揺れを克明に記した江戸の地震計「天水桶」　179
江戸時代人も「世界の終わり」を意識した　182
後世へ、「各々油断致さるゝな」　186
津波被害の厳しい想定を　190

司馬文学を解剖する　195

今や絶滅寸前の日本の史伝文学　196
司馬作品『関ケ原』をテキストに読み解く　199
歴史小説家・司馬遼太郎の本領発揮　204
史実と創作のはざまで　211

徳富蘇峰『近世日本国民史』の影響 223
平成の史伝文学の可能性 232

江戸の武士生活から考える

江戸時代は日本人の行動パターンの原型をつくった時代です。とくに、我々のつくる「組織」とその意思決定たる「政治」については、脈々と、江戸期につくられた行動パターンの影響がみられます。

「政治家の世襲」も、その一つでしょう。欧米や東アジア諸国とくらべても、これほど国会議員の世襲率の高い国はありません。永田町では、自分の所属派閥を「ムラ」とよび、自分の選挙区を「票田」とよび、地元に帰ることを「田の草取り」とよびます。まるで、自分の田んぼを相続するように、選挙区を世襲して、また、父親と同じ派閥ムラにいれてもらいます。日本の政治が江戸時代の「ムラ」の組織文化の影響をうけていることを示しています。

この国の議会の原型というのは、江戸時代の庄屋（名主）たちが、明治になって大地主（大抵は酒屋・醤油屋を兼ねる）となり、いわゆる地主議会をなしたものです。いわば江戸時代の庄屋の「寄り合い」が地方議会の祖形であり、明治維新は、この旧庄屋たちの政治進出を達成した革命であったとさえいえます。

これは歴史の鉄則ですが、どこかで長くはぐくまれた組織文化は容易にはなくなりません。江戸時代のムラ文化は、永田町の文化にもなりますし、軍隊の文化にも、会社の文化にも流入します。また、これは人間の原則ですが、幼少時から家庭ですりこまれる家族内の文化は、のちのちまで大きく影響します。

会社も国家も家族の延長

「家族でおきることは、会社でも、国家でもおきる」ものです。近年、フランスのE・トッドという社会学者が注目されています。彼は家族制度、家族慣行が、その民族がつくるあらゆる組織の行動パターンに影響するさまを研究しています。

一例をあげましょう。日本の大学生の多くは親から学費を出してもらって大学へいきます。通えれば親と同居します。結婚して親と同居する例さえあります。家の墓所を持ち代々それを守っていく。「親元と定住」の文化で、これはおそらく江戸時代にできた家族慣行でしょう。室町時代の庶民には、そんな慣行はありません。そもそも庶民は家の墓所さえ持っておらず、家意識はうすいものでした。なにしろ、中世までの日本人は、近世に比べて、流動性が高く、しばしば移住していました。しかし、アメリカ・イギリス（アングロ・サクソン）の文化には、日本の親元・定住文化はありません。有名大学の大学生はしばしば奨学金で通っています。早いうちから家を出て、友人と同居したりします。もちろん、結婚後は、親と住んだりせず、親の面倒をみる義務意識が日本ほどは高くない。「自立と移動」の文化といえましょう。

そもそも、日本人とちがって、アメリカ・イギリスでは、親と子が3人、川の字になって同じ部屋で、寝たりしません。お父さんお母さんだけが、ダブルベッドで仲良くしていて、幼い子供は、30センチもあるような分厚い石壁でへだてられた真っ暗な子供部屋で、1人で寝る場合もめずらしくないのです。こういった家族文化の違いは、会社組織の中でも知らず知らずのうちに、やっぱり出てきます。自立と流動の企業文化でいくか、親元と定住に親しむ企業文化でいくかです。

かつての日本では、とりわけ女子学生の就職には、親元との関係が強く影響しておりました。たとえば「親元から通わない女子学生は採用したくない」とか、上場企業であっても「父親のコネクションで採用する」といったことがありました。いや、いまでも厳然とあります。なぜ、このようなことになっているのか。やはり江戸時代以来の歴史的な組織文化にその源がある、としかいいようがありません。

転職についてもそうです。自立と流動のアメリカ人と、親元と定住の日本人では、違いが出てきます。育ち方と家族文化で、アメリカ人が組織を渡り歩くようになるのは、当然だと思います。このごろでは、経済環境の変化から、日本でも転職はめずらしくなく、雇用も不安定にならざるを得なくなってきました。

日本人は、これまで人一倍、定住的な安定をのぞむ組織文化でやってきたので、現状を肯定的に受け止める人は少ないでしょう。いわば体に合っていない「服」を無理矢理に着せられているようなものです。多くの人々が不安のなかで生きるようになっています。

旧来型の日本組織では、大学でも会社でも役所でもそうですが、同じ組織の内部でタテにしか人が動かないようにできていました。この点は、かつて、オランダの比較政治経済学者ウォルフレンが日本社会を分析して指摘した通りです。これまでの日本社会は、会社でも役所でも、その組織に長く居続けて貢献した人が得をするような仕組みになっていました。転職をするとかえって損をするようにできていました。組織を渡り歩いて実績をあげるほど、キャリア的な信用が増すアメリカ社会とは対照的でした。「会社のなかで誰に地位を与えるか」といったとき、「それは一番この会社に長くいた人がい い」となるのが、かつての日本人の姿でした。いまでもその考えは残っているでしょう。

　このような伝統的な日本の組織文化は、大学であれ企業であれ、江戸時代以来の日本家族の文化と密接な関係にあったことに気付くのです。

濃尾平野で生まれた江戸的な武士団

　さて、武士社会の話をしましょう。江戸時代において、個々の「家」をこえる規模の目立った組織といえば、それは「ムラ」「マチ」と「藩」ぐらいです。江戸時代の商家は、三井や住友の両替商といっても、たかがしれた規模です。所属人口が家族もふくめて1万人をこえるような大組織というのは、ムラやマチと藩ぐらいです。宗教的なつながりで、座とか講《こう》というのがありますが、これも1年365日あるものではない。一向一揆も信長・秀吉に解体されて跡かたもありません。ムラはたいてい自然発生的な社会集団で、人間が生まれつきに所属するゲマインシャフトです。

行政をやるとか、戦争に勝つとか、商売で利益をあげるとか、そういう目的達成のためにつくられた人工的な大規模組織＝大ゲゼルシャフトは、近世においては、武士のつくっている「藩」しかない。あとは、京都の朝廷とか大寺院とかですが、ほとんどの人は、みたこともない。だから、明治以前の日本人にとって、藩はある目的達成のためにつくられた大規模組織としては唯一のものでした。この意味で、近世の藩は「発明品」なのです。

近世武士を結びつけた藩システムは、濃尾平野の織田信長が発明し、豊臣秀吉が改良し、徳川家康が全国展開したものです。それまでの、中世の武士団とは、「主従制」、つまり「殿様と家来の主従関係」に大きな違いがありました。江戸的な武士団のあり方は、濃尾平野で生まれました。

どんな武士団かといいますと、非常に集権的です。つまり、主君が絶対。まず、お城がある。その下に城下町があって殿様に「おまえ、この屋敷に住め」といわれて、ほとんどの家来が集住している。槍や鉄砲の足軽組に稽古をつけて臨戦態勢でいる。家臣のほとんどが、いつも同居しているような絶対的主従制です。この主君絶対の組織は擬似的な家族意識をもち、「家中」をなしている。これが濃尾平野で発明されました。

中世まで主君のもとに家臣の大半が常駐しているのは、あたりまえではありませんでした。中世らしい武士団というのは、言ってみれば「呼ばれたらいきます」という主従関係です。ぽつんと主君の館がある。まさに「お館様」です。まわりに家来の屋敷もすこしあるけれど、常駐しているとは限らない。家来は、山々谷々に、それぞれ城を築いて住んでいる。正月などの儀礼や番役のときしか伺候しないのです。「さあ、これから合戦をやるぞ」というときには、お使いが馬をとばして触れ回り、あつめてくるのです。

甲斐の武田氏であれば、甲斐信濃の国人（豪族）がぞろぞろとお館にあつまってきます。合戦に出るときには、御旗《みはた》・楯無《たてなし》という、武田源氏の旗と神格化された鎧の前で団結式をやります。信玄は武田源氏の名門、甲斐の守護国主ですから大将と仰ぐ。その確認行為がなされて、やっと軍列を組んで出陣です。これが中世らしい武士団です。東北の伊達でも、越後の上杉でもそうですし、広島の毛利も似たようなところがありました。都から遠い辺境地域はみなそうです。

なぜそうなるのか。領地で、家の子・郎党と、中世の古いタイプの農業をやっているからです。名門の主君に呼びだされたら、そのときだけ「いざ鎌倉」とか「いざ甲府」で出ていく。この軍団は長期戦には向きません。都に攻め上ろうとしても、遠い。そのうち田植えの時期になる。地元に帰らないといけない。天下はとれない。

ところが、濃尾平野はちょっと違い、一面の平野です。集権的な組織ができやすい。城下町で一致団結して、戦闘訓練を繰り返している家臣団です。濃尾地方タイプの武士の集団に鉄砲をもたせたら威力は大きいのです。あっという間に天下を統一してしまう。濃尾平野に生まれたプロト江戸時代型の集団と、鉄砲という新兵器が結びついた。これが歴史のポイントでした。濃尾平野は「兵農分離」が自然的・経済的条件から、すすみやすかったのです。

一番、経済的にすすんでいたのは、京都周辺ですが、ここは都に近すぎて、延暦寺だの東大寺だの、中世の権化のような勢力がのこっています。そのうえ、武士たちは主君にタテ型の忠誠をつくすというより、ヨコ型に地元で地域連合・宗教連合をつくっていました。惣村・本願寺・法華一揆はその例です。いまでも大阪人はヨコ社会で権威への従属をきらいますが、とにかく近畿にはタテ型規律を重んじる軍事集団の生成には向かない条件がそろっていました。近畿周辺には、三好・松永・筒井などはいても、強い戦国大名は成長しにくかったのです。

中世的家臣団の限界

結局、上杉や伊達、武田などは、東国武士団の伝統があって強いけれども、辺境で経済的には後進地域でした。家臣団は強いけれど、兵農分離がすすんでいないから、遠征に限界があり、都にはいれませんでした。一方、近畿の先進地域は、兵農分離（士農分離）はできるけれども、さっきいったような理由で強い軍団はできません。それで、中間にあたる濃尾平野というのが、江戸時代型の武士団のゆりかごになって、ここから天下人が3人も出たということでしょう。

こういう議論を学問の世界では「中間地域論」などといっています。それに濃尾平野に生まれた近世的な軍団は兵站《へいたん》の仕組みなども整っており、一年中遠征しても比較的大丈夫なようになっていました。地理的にも、すぐ都にのぼれます。そのうえ、この武士団は、たとえ負け戦になっても、殿様の側《そば》から離れないような「忠誠」意識も高かったように思います。

というのも、中世の武士団というのは、一旦、負け戦になると、一瞬にしてばらばらになって、みんな自分の領地に逃げ帰りました。『太平記』がそうです。中世の軍記物を読めばわかります。1万騎の大軍が瞬く間に「大将あわせて、わずか五、六騎ばかりになりて、落ちにけり」となります。これでは、殿様はこわくて、入り乱れての大決戦はできない。広島の毛利氏などは、これをよく知っていて、山の上に大軍で陣をはって動きませんでした。動けなかったのです。毛利氏は中世的な軍団でした。豪族寄せ集めの集団です。平地で決戦をやって負け色になったら、家臣は毛利氏と運命を共にせず、広島の山々にいっせいに逃げ帰りそうなので、毛利氏は領国を拡大するにつれ、こわくて決戦ができなくなっていました。

結局、中世的な武士の集団は寄せ集めでした。少数精鋭で、石のように固まって密集している江戸時代的な武士の集団にはかないません。織田信長が桶狭間の合戦で、中世らしい寄せ集め家臣団であった今川の大軍を破砕したのは、まさに、それが現実になったものです。中世的な軍団は、戦場で動きがにぶく、大軍ながら、一体性に乏しく、分離分散的になってしまいます。

それと対照的であったのが三河武士の集団でした。徳川家康も三方ヶ原の合戦でやぶれて、武田騎馬軍の猛追撃をうけます。しかし、三河武士は家康を真ん中にまん丸に固まって、殺されても殺されても、家康からはなれない。なかには家康の身代わりになって死ぬ家来まで出て、とうとう浜松城に逃げ込むことに成功しています。こういう江戸時代的な集団が生まれたので、濃尾平野から、3人の天下人が出たといっていいでしょう。

長州藩奇兵隊の「散兵」戦術

濃尾平野という空間から、信長・秀吉・家康、3人の天下人が出た訳合いを、前項ではあれこれと語りました。戦国末期、濃尾平野に主君に忠誠を尽くす、江戸時代型の武士集団が芽生え、これが日本全土を席巻しました。当時の日本は世界史的にみた兵器の発展段階でいえば「火縄銃段階」という特殊な時代にあたります。火縄銃段階での火力はしれており、兵数が同じならば、総大将が馬印をたて、まわりに家臣が密集して逃げず、一丸となって突進したほうが勝ちます。しかし、大砲とライフル銃が発達すると、そうはいかない。目立つ馬印を立て「総大将はここにいます」と密集隊形を組んでいる。そこへ大砲の炸裂弾を一発うちこまれたらおしまいです。

幕末、長州が幕府諸藩と戦争したとき、大村益次郎という村医者出身の蘭学者が指揮をとりました。大村は勝利を確信していました。「敵は重兵だ。戦国さながらの密集隊形でくる。運動性に乏しい。重たい兵隊だ」と看破していたからです。事実、幕府諸藩の軍は戦国の武者行列でした。足軽も、武士も、みんな立ち位置をピチッときめられている。鎧兜をきて隊形をくずさず密集して進退する。それゆえ、動きが鈍いのです。有効射程100メートル、発射毎分1、2発の火縄銃の時代なら、この重兵が一番いいのですが、幕末、鉄砲は飛躍的に発達していました。ライフル銃の時代にはそれに適した軍の戦術があります。それは「散兵」戦術とよばれました。兵が散らばって自由に動く。長州の奇兵隊がこの「散兵」です。鎧なしの動きの軽い兵に有効射程500メートルのライフルをもたせ、どんどん走らせ、敵の「重兵」を包囲して、物陰からバンバン打つ。

ところが幕府諸藩の「重兵」は、総大将の馬印のまわりを動かずに、的になっても逃げずに守る。このように重兵と散兵が戦場でぶつかったら一方的な虐殺がおきます。散兵は重兵をいくらでも撃ち殺せる。大村は、戦う前から、これがわかっていました。

当初、私は、なぜ大村はあんなに自信をもって、自軍に数倍する敵軍に挑めたのかわかりませんでした。国会図書館に行き、大村が翻訳したオランダの兵学者クノープの戦術書を書庫から出してもらってはじめて、その理由がわかったのです。大村はクノープ戦術書の訳文の合間に「いまの諸藩の兵は、みんな重兵である」とはっきり書いていました。つまり、徳川家康の時代には、日本最強の要素であった世襲武士の密集隊形が、時代が進み武器が変わると、最大の弱点になったのです。具体的には、日本最強の彦根藩井伊家の「赤備え」が日本最弱の軍になりました。

幕府諸藩のリーダーは、実戦で答えが出るまで、時代に軍制が合っていないのに気付いていなかった。気付いていたとしても変えなかったのです。これは恐ろしい。恐ろしいが歴史のなかに始終みうけられます。歴史家として、古今東西の戦史をながめていて、常に感じることです。では、気付くには、どうすればよいのか。しばしば、組織の部外者や主流外の人間が気付きます。大村も村医者の出身で武士の世界では部外者でした。部外者の指摘で、組織内にも、それに呼応する動きが生まれるようであれば、その組織は生き残れているようです。

『坂の上の雲』の裏にあるもの

このように、江戸時代の藩は火縄銃段階の戦いのなかで生まれた軍事組織です。それが島国という特殊環境で冷凍保存されたものです。そして、ここで大切なのは、この軍事組織が、この島国の行政組織にそのまま転用された点です。ルイ王朝など近代ヨーロッパの君主国では、軍隊は行政を担当する官僚制度の外につくられました。

ところが、日本では、戦国の軍事組織が行政組織に使われました。たとえば、『鬼平犯科帳』でしられる長谷川平蔵の「火付盗賊改め」が、そうです。火盗改めは先手頭《さきてがしら》という戦場の切り込み隊長が任命されました。合戦時、最前列で銃弾を集中的に浴びながら敵陣に臨む名誉の職です。命しらずの武勇の者がなり、部下も気が荒い。これが平時にあっては将軍様にあだなす盗賊を真っ先に制圧する役についたのです。ようするに軍隊が行政機関に転用されていました。幕府や藩は、行政機関にみえますが、実際のところは最後まで軍隊です。このあたりは、近世史の笠谷和比古《かさやかずひこ》氏の著作に詳しい。

武士の家格も軍事編成でした。藩の武士には3つの身分があります。侍・徒士《かち》・足軽です。このうち、侍が上士です。家格がある。家老と番頭（侍大将）、物頭（足軽大将）、平士（馬廻《うままわり》）などで、物頭以上が指揮官、平士は自前の家来を引き連れて戦います。侍のなかでも「頭」とつく指揮官は偉い。早稲田大学創始者の大隈重信は大砲頭の家柄です。かなり偉い。慶應義塾の福沢諭吉は平士でもなく徒士です。明治の政治家のなかで、ずばぬけて貴族なのは大隈と陸奥《むつ》宗光です。たいていは50石もない下級武士の出身でした。家柄がいいとされた高杉晋作でさえ禄高150石前後です。西郷隆盛・大久保利通は、その3分の1か4分の1ぐらい。30石から50石ほどでした。伊藤博文や山県有朋《やまがたありとも》は足軽ですから10石、20石の世界の人です。

ちなみに、武士の世界は家格によって気質が違います。100石以上の上士は独立性が強い。藩主にも、ずけずけと物を言うように育てられます。傍若無人でわがままな人が多い。高杉晋作や大隈重信がこの部類です。

一方、福沢・大久保・西郷など50石以下の徒士は小役人で、実務能力があります。家督相続時に筆跡とソロバンの試験がありました。能吏タイプが多い。『坂の上の雲』の秋山好古《よしふる》・真之《さねゆき》兄弟も徒士です。伊予松山の「徒士町」に生まれました。秋山家は微禄です。真之は軍隊で給料をもらうほかありませんでした。それに騎兵になれば騎馬武者になれる。秋山家は徒士ですから徒歩。馬に乗れた身分ではない。それが乗れる。海軍軍人になれば大出世です。

上士の士族年金が現在の300万円のとき、軍人の年収は400万円。追い越せる。徒士は身分にこだわる上士とちがって学校教育に抵抗がない。ソロバンもできます。結果的に軍人になるものがたくさん出ました。

旧武士のうち、うすいこの徒士層が、実は、日本の近代化に大きな役割を果たしていました。乃木希典《まれすけ》・児玉源太郎・大山巖《いわお》……。日露戦争の将軍はほとんどが禄高50石ぐらいの徒士出身です。日露戦争の将軍に旧農民はいない。旧大名もいない。旧徒士がやっている。

日露戦争までの日本人は偉かったとか、明治人は偉かったとかいわれますが、偉いとされている明治人は、ほとんどが士族で、しかも徒士です。士族文化、なかでも徒士の文化で育った特殊な人たちで一般の日本人ではないのです。しかし、それをいうと読者はつまらない。『坂の上の雲』には、そういう裏があるのです。

永代雇用を約束した藩組織が鉄壁の軍隊をつくった

さて、藩の話にもどります。藩は、ひとつの約束で成り立っていました。密集して、殿様を守る人垣になれ、そのかわり土地と家名は永久に保障する、討ち死にすれば、胎児や養子にでも、領地と家名を保障する、というものでした。土地と家名にこだわる日本的文化のもとで、これが鉄壁の軍隊をつくっていたのでした。雇用制度でいえば、終身雇用どころか、永代雇用の制度がモチベーションを支えていました。

さて、武士の俸禄は軍事費です。500石の武士は通常20人の武士を「軍役」として戦場に引率する義務がありました。大石内蔵助《くらのすけ》は1500石です。先祖が大坂の陣で首級を2つとって1500石の家老になりました。1500石の大石は60人の家来が家にいたはずです。武家屋敷の長屋門はこの大勢の家来と馬を入れておくためのものでした。

映画にもなった拙著『武士の家計簿』（新潮新書）に書きましたが、武士とくに上士の俸禄は先祖が首を2つとったとか過去の伝説できまっていました。勤続年数が長いとか、上司や同僚の受けがいいとか、能力が問われるのは、徒士層でした。少しは出世しました。だから、徒士は勉強をがんばりました。上士の安泰にはむしろ親戚づきあいが重要でした。

幕府では「足し高の制」などで、この硬直化した俸禄制度に手を加えましたが、武家社会の基本は変わりません。家老の家に生まれれば家老。足軽は足軽でした。同時代の中国は科挙制度です。大臣が3代つづけて世襲されたりはしません。自分が官職にあるうちに蓄財して子孫に残す悪弊がおきました。一方、日本の武士システムでは地位や給料は保障されます。リスクをおかさない体質になりますが、汚職も少なくなります。東アジア諸国のなかで日本の役人はリベートをもらわないほうで、随分たすかっていると感じます。

テレビの水戸黄門は悪代官だらけですが、あれは嘘です。代官は大勢の武士のなかから学問ある清廉な者を選んでいました。また、水戸黄門に悪代官や悪家老はでてきても、悪殿様はでてきません。これは儒教倫理の影響でしょう。君主への批判は不忠です。側近が悪いと考える。幕末、あれだけ民衆は幕府をきらっても、怒りの矛先を向けたのは、将軍ではなく、会津藩や老中でした。

昭和の戦争でも批判は東条英機に集中しました。現在でも、この忠誠思想のなかにいるのは北朝鮮の人たちでしょう。生活が苦しくなっても、第一書記は悪くない、側近のせいだと考える。これは儒教的な忠誠思想のある軍事的組織に共通した心理です。

藩組織での意思決定にふれておきましょう。近世史の研究者である笠谷和比古氏が日本的な稟議《りんぎ》書決裁式の意思決定は藩組織で生まれたとしています。事実そうでしょう。現場が起案して上にあげていき、上司の決裁をあおぐ。これは藩に生まれ明治の役所から日本の会社組織に導入されました。現場の専門家がその持ち場について起案します。日本人は専門家が好きでゼネラリストが少ない。現場や専門家に任せる風土があります。このタイプの意思決定は現場の判断で自然に仕事が動く点ではいいのです。しかし、誰が決定したのか責任の所在が不明確になります。そして、大抵、先例主義になります。

現場の専門家は狭い範囲の仕事をしており、組織全体よりも淡々と目の前の仕事を先例によってこなす。「以前から、こうやっていたから」というような先例主義の仕事をするのには、この稟議制はいい。だけれども、仕事の内容が大きく変わるときには無力です。また、その仕事の部署そのものに不利な案は絶対にあがってこない。だから、部署にとって有利でさえあれば、全体をつぶすような案でも出てきます。現場の専門家は、ときとして変なことを起案します。戦艦「大和」の建造がそうです。海軍の建艦設計の部署から大和建造案があがってくる。専門家は目が狭く、「空母の時代だから空母を作ろう」といわないこともある。それを上層部が追認してしまうと、海上の高級ホテル・戦艦「大和」ができてしまいます。

藩の話にもどります。よく、藩の最高意思決定者は、藩主・大名と思われがちですが、これは半分以上、間違いです。藩主が藩政をみていたのは江戸前期の100年間ぐらいです。のちには「家老と奉行の合議」で決めました。ただ、藩主は家老や側近等の人事案には口が出せました。江戸中期以降、通常、藩主は家老合議には出席しません。藩主は、企業でいうと、社長というより、会長か最高顧問といったほうがいいかもしれません。人事部は藩にはありません。家老が人事を決め、藩主は報告をうけますが、人事も多くは先例と家格でした。しかも、家老はほとんどが世襲で、秘書役に操られていることも多い。実質、藩の意思決定は誰がしているのかわからない。

幕末のイギリス外交官は、「日本の藩の意思決定は誰がやっているのか、わからない」「大名が決めているのではなく、背後で家老が動かしているようだ。その家老も誰かに動かされているようだ。結局、わからない」というのです。家老のそばには必ず祐筆がついています。身分は低いが有能で、案件があがってくると、先例や判断材料を調べてくる。それを家老合議に提供し、「この場合、こういう案があります」と家老に提示して藩政が動いていました。藩のなかに実務官僚が生まれてきたのです。西郷・大久保など、明治維新の政治家は、大抵、こういう実務的な役目から出てきた徒士層出身者たちです。

追いつめられた日本人はどんな変革ものみこむ

1800年ごろから、こういう実務官僚を藩の学校で養成する動きがひろがりました。しかし、身分制度があり、藩学校を優秀な成績で卒業した人を自動的に幹部に登用するわけにはいきません。とくに軍事指揮権は武士の誇りの根幹でしたから、門閥家老が手放しません。西洋の近代国家のように指揮官を士官学校で養成するわけにはいきませんでした。しかし、長州藩がそれを壊しました。

長州藩は、下関戦争で西洋列強の近代軍隊にコテンパンにやられます。そのうえ、幕府諸藩の大軍に包囲され、会社でいえば、つぶれる寸前まで追いつめられました。日本人は、追いつめられると強い。どんな変革も改革ものみこむ。そこで出てきたのが、前述の大村益次郎です。大村は即製の軍事学校で指揮官を養成し、井伊家の「赤備え」を撃破しました。こうなると、日本の武士たちも価値観をかえました。身分制の思想がこわれていったのです。軍事学校や西洋式軍隊をつくろうとなった。

日本人は、一旦、負けの原因をみとめると、変わるのは早いものです。安定をこのむので、安定が失われそうになると、不安になって一気に改革にむかうのでしょう。薩摩と長州が手を組み、新式銃砲と西洋式軍隊で幕府軍を襲えば、江戸時代は終わりになります。事実、そうなりました。薩長新政府は、政権を樹立するとすぐに、門閥世襲家老の追放をうちだしました。そうして藩組織は終わったのです。

歴史研究者として、長期的に日本の歴史をみていますと、日本人は外部から大きな変化の波をうけると、変わりやすい。また政権の中枢が変わって本気になってトップダウンで改革命令が出ると、改革がとても効率的になります。改革を成功させる藩主とは第1に、現場情報に自分がダイレクトに接触する藩主、第2に、改革行動にスピード感がある藩主です。殿様がいきなり現場にくる。現場にきて担当者から直接、問題点や情報を聞き出して、すぐに実行する。これをやらない、人任せの殿様は改革に成功していません。人に任せる場合は、担当者に全面委任して守らねば成功しません。

また政権の中枢がきちんとした意思決定が出来るように、藩主直属の現場情報の調査・収集の分析機関があるか、これが大切です。鳥取藩の軍事改革の担当者がなげいていました。

「西洋のプロイセンという国には武学大学というものがあるらしい。いろいろ調査・研究して政策を決定する。こういうものが我国にはない」

おそらく参謀本部とか陸軍大学のことをいっているのでしょう。伝統的に、日本の藩は「目付」「お庭番」はありましたが、小さなものです。過去の名将・明君はダイレクトに現場情報の収集分析に力をそそいでいます。

名将・名指揮官という話が出ました。名将とは何かについて『坂の上の雲』の秋山真之が25歳ぐらいのとき、自分のノートに書いたものがあるので最後にそれを紹介しておきましょう。名将とは「意志と行動との間に、かけはなれがない」、また「思ってから実行まで時間がかからない」というのです。解すると、そもそも変化を望まない組織、思っても実行できない組織、思って計画された内容と実行された内容が大きく違う組織、これはいけないということなのでしょう。私自身、歴史に鑑みて重い言葉だと、うけとめています。

甲賀忍者の真実

忍者の研究をしていますが、正直、困っています。というのも忍者は学術的に研究するのが難しいのです。なにしろ忍者は隠れ忍んでいますので、あまり史料を残しません。甲賀には「忍術秘伝書」は残っていますが、大事なことは書かれていません。書き残してはいますが、重要なことは口伝《くでん》としていました。史料が残っていないものは研究にならない。史料が残らないものは学術的に研究するのは難しいのです。

最近まで私も、忍者は隠れていて研究は無理かもしれないと思っていました。しかし甲賀地方には忍者のご子孫がいらして、忍者を研究できる古文書も存在することがわかってきました。甲賀市で渡辺善右衛門という尾張藩の忍びのご子孫にお会いしたことがあります。その方は、定年まで東京でサラリーマンをしておられて、自分が忍者の子孫だとはまったく知らなかったそうです。幕末まで自分の家が忍者をしていたとは思わず、定年後、初めて自宅で古文書を見つけられ、驚かれたそうです。事実、尾張藩には、木村奥之助という甲賀忍者がいました。この人のほかにも5、6人の甲賀忍びがいたようです。ここでは、こうした忍者の世界について記したいと思います。

忍者と分限帳

忍者の職業を記録した古文書を残している藩があります。規律が緩《ゆる》い藩と厳しい藩がありました。厳しい藩は薩摩、佐賀、土佐、水戸藩などです。こういう厳しい藩は武士が百姓を無礼打ちにする頻度が高い。一方、規律の緩い藩もあります。岡山藩や尾張藩です。こういう藩はおおらかで、だいたい、秘密も漏れやすい。岡山藩では、かなり身分の高い武士でも百姓との結婚ができました。岡山藩や尾張藩は忍者の情報もよく残しています。藩士の名簿である分限帳《ぶげんちょう》などを見てみますと、なんと、忍者の実名まで残っているものがあります。岡山県立図書館がネット上に岡山藩の武士の名簿・分限帳を公開しておりますが、そこには、忍び衆の実名が残っていました。

岡山藩は、記録を残していますので、忍者の活動実態が比較的よくわかるのです。たとえば、岡山藩は元禄赤穂事件のときにも忍者を使っています。大石内蔵助《くらのすけ》たちが赤穂城に籠城するのかしないのか忍者を使い、探りを入れたことがわかります。その忍者の報告書が木箱に入って残っています。岡山藩の忍者は赤穂から駕籠《かご》と舟を使い、赤穂城から脱出帰国しています。この岡山藩の記録を見つけて、私は、忍者の研究に引き込まれていきました。

甲賀者と幕藩社会

まず基本的な事柄から始めたいと思います。江戸時代、忍者は一体どのぐらいいたのかということです。まず忍者人口の推定をしてみましょう。全国人口は幕末で３５００万人、中頃の１７００年前後では３０００万人、江戸時代の初め、戦国時代の終わりでは１５００万人前後と推定されています。幕末の人口からいきますと、現在の人口はその４倍弱の１億２７００万人です。

武士は幕末から明治にかけて35万人ほどおりました。家族を入れますとおよそ１５０万人、総人口の約５％です。つまり20人に１人が武士とその家族でした。では忍者は各藩に何人ぐらいいたのでしょうか。岡山藩は31万石、人口が30万人でした。ですから、全国の約１００分の１の規模です。岡山藩の忍者がだいたい、江戸時代のはじめで、18家あったのが、幕末に10家ほどに減っています。岡山藩だけでなく、赤穂藩浅野家にも記録があります。赤穂事件を起こした赤穂藩の分限帳で忍者が何人いたか調べますと、元禄14（1701）年の赤穂分限帳に5人とあり、赤穂藩では5人の忍者を抱えていました。だいたい大きな国持大名で20人、小さな藩で5人ぐらいの忍者を抱えていたようです。

ところが調べていくと、そればかりではない。だんじり祭りで有名な岸和田藩は赤穂藩と藩の規模はさほど変わらないのですが、50人の甲賀忍者を抱えていました。なんと10倍の人数の忍者を抱えていたことになります。さらに、岸和田藩の隣の御三家の紀州藩を調べてみますと、甲賀・伊賀忍者を200人以上も抱えていました。幕府が甲賀者を100人、伊賀者を200人抱えていたことはわかるのですが、55万石とはいえ紀州藩は忍者大国ともいうべき藩だったのです。おそらく、紀州藩は西国の監視をしていたのでしょう。

京都、大坂に近い、尼崎藩、和歌山藩なども多くの忍者を抱えていました。西国監視の特命があったのではと推測されます。忍者の数には、藩によって偏りがあったことをつきとめつつあります。畿内周辺に、忍者を多く召し抱えている藩があることがわかってきました。

しかし、忍者を研究してみますと、どうやら表向きに藩士名簿に載っている忍者だけではないらしいこともわかってきました。というのも、尾張藩などの記録を読むと、なかなか複雑な忍者社会の構造が見えてくるのです。史料が比較的多く残っていると思われる尾張藩の忍者の古文書を見つけようと、名古屋の蓬左《ほうさ》文庫に行って調べました。そうしますと、尾張藩には、甲賀と伊賀の忍者がいましたが、この藩の甲賀忍者・木村奥之助が語った史料が出てきたのです。尾張藩には、近松茂矩《しげのり》という学者がおり、藩主から日本武術の集大成をせよと命じられ、忍者のことも調べて、木村奥之助から、忍術について聞き取り調査していたのです。それが残っていました。ですから尾張藩に伝わった忍術秘伝書といっていいものです。

その中にこう書かれています。忍者には、陽忍と陰忍がある。まず陽忍とは「忍びの者」と名のって仕官している忍者です。甲賀者、伊賀者であることを表沙汰にして仕えています。岡山藩の忍者も、伊賀者が10人ぐらいいますが、彼らも陽忍といっていいでしょう。目立たない道の奥まったところに小さな忍者屋敷の一角を作って住んでいましたが、城下町にいて、表だって忍びとして暮らしていました。彼らが忍者であることは藩内では公然の事実でした。これが陽忍です。

さらに尾張藩の史料を読むと「陽忍は木村奥之助の類いなり」と書いてありました。尾張藩では木村氏が「甲賀者」として表だって召し抱えられていました。一方、そうでない忍者もいます。それが陰忍です。陰忍は常は隠密として、また忍びとして人に知られないようにして、ほかの役を与えられて密かに召し抱えられていました。岸和田藩には50人の甲賀忍者がいましたが、岸和田のだんじりの町に全員を呼び寄せてはいません。岸和田に常にいるのが8人で、後の42人は甲賀の村にいて代々交代で勤めていました。忍者の給料は、岸和田に住む者は15石7人扶持くらい、ほぼ５００万円から６００万円ぐらいの年収でした。

この8人をのぞいた残りの42人は陰忍でした。甲賀の村にいて、農業をしていて、戦争か何かがあったりすると、岸和田の岡部の殿様のために、岸和田藩の軍勢に加わって隠密の仕事をします。これは陰の忍びでふだんは城下におらず、見えないところにいました。彼ら陰忍の給料は少ないものです。米にすると5石、お金にすると5両ちょっと。

大体150万円ぐらいです。ほかに手当などで年収約200万円になったようです。ただ、これでは、忍者だけで、家族を養うことは難しかったはずです。ですから、甲賀の里にいて、ふだんは農業などに従事していました。つまり、常勤の忍者と非常勤の忍者がいて、岸和田藩は陽と陰の忍者を使い分けていたのです。というわけですから、甲賀一帯の山伏たちは、しばしば諸国の大名家の非常勤忍者、陰の忍びとして召し抱えられていたと推測されます。

ということを考えると、大名家の藩士名簿に載っている数よりも、忍者人口は多いと思われるのです。そうなりますと、江戸時代を通じて忍者が何人いたかを推定することは難しくなります。しかし、だいたいのことはわかりそうです。多くても家族を入れて1万から数万人といったところでしょう。

次に、忍者の召し抱えられ方などについて、お話ししましょう。1700年ごろまで、各藩は相当数の忍者を召し抱えていたようです。

岡山藩の古文書の中に「忍者不足」という記述がありました。忍者が足りないということです。岡山藩は早川六兵衛という伊賀忍者を雇いました。ところがこの忍びの家は絶えそうになります。「忍び役不足仕《つかまつ》り、そのうえその筋もなくなり」忍者が足りなくなってしまうと書いてありました。

幕府も諸藩も１７００年ごろまでは忍者を頻繁に使っていたようですが、その後、忍者のリクルートメント（新規採用）が難しくなりました。忍者をどんどん召し抱えておかないと家筋が絶えてしまい、忍者がいなくなってしまいます。元来、忍者は器用な人たちですから、ほっておくと、立ち退きといってどこかに行ってしまい、待遇条件の良い他家に仕えてしまう。それで数が減っていくのです。岡山藩でも18家あったのが、幕末には半分近くまでに数が減っています。平和な時代になると、忍者はなかなか連れてくるのが難しく、補充できないのです。

そのうえ、古文書を見ると、岡山藩の忍者たちは幕末になると忍者の仕事をしなくなり、ほかのことに手を出して、忍術に励まないで問題を起こすにいたっています。忍者が金融業を始め、お金をめぐるトラブルを起こした例も見うけられます。天下泰平がつづくと、忍者の技能も落ちてきますし、批判を受けるようにもなっていました。

しかし、幕末にふたたび戦争が始まると、忍者にも出番がきます。長州戦争です。岡山藩が長州にむけて出陣するのですが、このときは忍者がほとんど役に立ちませんでした。昔ならば、忍者は長州にあらかじめ知り合いがいたり、知り合いをつくったり、潜入したりして、前もって前線から情報を取ってくるものでした。ところが、この時代になると、そういう活躍は見られません。出陣はするものの、たいした働きがなかったのです。そこで藩のほうではむしろ一般の藩士から上手に人を選び、探索方に使っていたようです。

忍者の任務とは?

では、平和な時代の忍者の仕事とは、どのようなものでしょうか。忍者が何をやるのか、忍者の仕事を幾つかに分けてみました。

岡山藩の伊賀忍者の一番大切な仕事は「御内用」です。殿様のご用を聞いて他国に潜入し、情報を取ってきます。殿様の内々の意向を受けて働くのです。それから2番目が「火の回り」。火事が起きないように見回ります。そして第3が「不寝番」です。殿様は、大名行列の時が一番危ないのです。お城の中にいませんから、その警護をします。

たとえば、岸和田藩の殿様・岡部氏も、甲賀の里に近い土山の宿で襲われています。殿様が襲われて塀を乗り越えて隣の家まで逃げたという話があります。忍者のいる地元で、なぜ、襲われたのかはわかりません。このように移動中が危ないので、大名が本陣に宿泊しているあいだ、忍者が不寝番をします。寝ずに番をするのは大変です。岡山藩主の不寝番をしながら大名行列のお供をしている最中に、忍者が過労死した事例もあります。

岡山藩には忍者が10~18家あり、250年間で10世代ですから、過去に100人以上の忍者がいました。彼らの書いた履歴記録を2010年の夏、調べました。読んでみますと、殿様警護の寝ずの番を交互にしていることがわかります。大名行列は経費を安くするため、そのスピードを速めます。宿代をけちるために結構なスピードで移動をします。それで忍者は寝ずに番をして翌日も続けて歩かなければならないので、なかなか大変でした。普通の体力でできる仕事ではありません。仲間と交代しながらやっていたのですが、記録を見ると、途中で死んでしまった忍者が1人いました。気の毒な話です。

4番目になる仕事は「火災時の宗門帳の持ち出し」です。宗門帳は現在の戸籍謄本や住民票のようなもので、武士の名前が書いてあります。お城が火事になったときは、これを忍者が持ち出すことになっていました。

第1の忍者らしい任務、御内用の話にもどります。

この御内用は、どのようなときに命じられるかというと、近隣の大名が改易になったとき、つまり大名が領地を取り上げられたときや、百姓一揆が近くで起きたときです。近隣大名が改易になると、その大名がやけくそになって領地に立て籠もってしまう可能性がないかどうか、忍者を遣わして調べて、見張るのです。また、隣の領地で一揆が起きた場合、その百姓一揆で、どのように交渉が進んでいるのか、周辺の大名がどんどん忍者を送り込んで、状態を家老や藩士たちに知らせます。

また、博打《ばくち》打とキリシタン摘発にも使われました。忍者は、港町などで博打取り締まりや、キリシタンの摘発を行っています。今の警察がやっているようなことです。このように仕事は一応やってはいましたが、危険を冒して忍び込むような高度な忍技を使った情報収集は近世の半ばごろになるとあまり行われなくなることがわかります。技を使わねば、おとろえるのは、あたりまえのことで、幕末になると、忍者はあまり役に立たなかったのです。そこで、岡山藩では、明治2（1869）年に、忍び役廃止を忍者たちに申し渡します。家老のまえに10家の忍者が集められ、「今日で忍者は廃止」と宣告されました。岡山藩は伊賀者たちに「米5俵くらいを加増するから普通の士族になれ」といいました。これに、忍者たちが抵抗した形跡はありません。むしろ、内心よろこんだのかもしれません。それまで、彼らは忍びや不寝番をやらされ、どうもほかの武家とは違い、勤めがきつい感じでした。これまで以上に禄をもらえて忍び役は務めなくていいのです。もはや先祖代々の忍び役への誇りはなくなりつつありました。しかし、その直後、廃藩置県となりました。

忍者の定義

ところで、江戸時代に入り、忍者は、どのように定義されていたのでしょうか。国学者の塙保己一《はなわほきいち》は松平定信の命を受けて武家故実の研究をまとめた人です。武士の役職でこの役職はいつごろ始まって、どういうことをやっていたか、たとえば家老とは何か、足軽とは何か、ご用人とは、組頭とは、勘定奉行とは何か、ということを書いた『武家名目抄』という本の編纂《へんさん》を任されます。いわば幕府公認の武家事典を作りました。この本のなかに、忍者は、このように書かれています。

「忍者は間者又は諜者と称する。さて、その仕事は他国に先行し忍んで行って敵に入り込んで隙を計らって、敵城に火を放ったり、人に近づいて殺したりする。これが、忍びである」。平時、忍者の仕事は諜報活動ですが、戦時には、敵の城に火を放ったりします。また暗殺も忍者の仕事であるというのです。そしてこう書いてあります。

「もとより正しき職種にあらざれば、その人の品、定まることなし」。もともと忍者は正しい職種でないので、人品が定まらない。侍に連なっても、きちんとした侍とはいえない、「足軽、町人、ラッパ、スッパなどの者がいる」というのが『武家名目抄』の忍者観です。

さらに読みましょう。「京都に近い、伊賀の国、江州甲賀の地は地侍の多いところであり、応仁の乱より各々が楼を建てて、日夜争いをしていた。たしかに、この辺は地侍が多くて、館を建てて互いに競い合って、日夜、戦争をしていた」と書いてあります。

「おのずから強盗や盗人をしたものを間諜と称し、泥棒や強盗に長ずる者も出てきた。

これを大名が養いおいて、忍びの役に従わせた」とあるのです。

しかし、事実は、やや違います。伊賀も甲賀も、みなで協力して外から入ってくる敵に対処していたのです。『武家名目抄』には、「忍びの役に仕えていた伊賀者、甲賀者と呼ばれるものは、諸国に広がっている。鉄砲組には多く根来《ねごろ》者を用いる」とも書いてあります。

甲賀のリテラシーは高かった

しかし、これだけでは、伊賀、甲賀の地から、忍者が生まれてくる説明が十分になされているとは思えません。私にいわせれば、甲賀の人たちは、忍びだけができたのではなく、忍びもできた、といったほうが正しい。なぜかといいますと、この土地は非常にリテラシー（識字率）の高い土地柄なのです。つまり、昔から、知識水準が高いのです。それもあって、地侍のなかから、たくさんの知性派の情報将校タイプの武将を生み出してきました。

たとえば、滝という集落があります。滝川一益《かずます》が出ました。そしてちょっと行くと、山岡道阿弥（景友《かげとも》）が出た集落があります。そして、またちょっと行くと和田の集落で、和田惟政《これまさ》が出ました。甲賀出身の武将は多いのです。

この地は文化が開けていて識字率が高い。一般人まで文字の読み書きが最もできた地域です。明治15（1882）年ごろになりますと、日本人の識字率の調査が各地で行われます。2008年、リチャード・ルビンジャー『日本人のリテラシー――1600―1900年』という研究書が出版されて、この調査結果を紹介していますが、それによると、滋賀県民の識字率は非常に高い。鹿児島県、滋賀県、岡山県を比較すれば、それはすぐにわかります。明治15年の滋賀県の女性の識字率は5割で非常に高く、男性は9割に至っています。同時期の鹿児島県は滋賀県に比べていたって低く、男性で読み書きのできたのは3割ほど、女性は5％前後の状態でした。

日本が明治以後すばやく近代化ができたのは、識字率が高く、知的な国民だからとよくいわれていますが、実は全国均一に識字率が高いわけではなかったのです。明治前期までの日本では、識字率は京都の周辺と、東海・瀬戸内が非常に高く、東日本や東北・南九州は低かったのです。

1850年ごろ、地球上で、人口の半分以上が読み書きできた社会は本当に少ないのです。8割以上が字を読めた社会はそれほど多くない。スウェーデン・ドイツ（プロイセン）・スコットランドです。次いでイングランドが7割たらず、フランス・オーストリア＝ハンガリー帝国が6割たらず。当時、イタリアやスペインは識字率の比較的低い国で、字が読めるのは人口の2割5分ほどでした。ロシアはもっと低く、識字率が1割以下であったといわれています。カルロ・M・チポラという学者がこれらの数字を出しています。

ヨーロッパは南に下がるほど、識字率が低い状態でした。なぜでしょうか。これには宗教や社会経済の状態が関係していました。北ヨーロッパはプロテスタントが多い。一方、南はカトリック教徒が多い。カトリックは聖書をあまり家に置きません。日曜日に教会に行くと聖書が教会に置いてあって、神父様が口頭でキリストの教えを語ります。

一方、ドイツや北欧はプロテスタントです。プロテスタントは家に聖書を備え、自分で理解しなくてはいけません。教会を通すことなく、聖書の教えを学ぶことで、神と自分とのあいだに一対一の関係を作り上げるのが、プロテスタントの特徴です。ですから子供のころからしっかりと読み書きが教えられています。

それと、南や東にいくほどヨーロッパは、農奴制といって、大地主が従属農民を使って農業をしていました。独立自営農民の比率が少ない。大地主のいうままに働かされる人々、農奴が多くいて、この人たちは文字の読み書きができず、教育も受けられない状態でした。それで、ロシアや東欧は識字率が低かったのです。

いまでもヨーロッパのEU諸国で所得の高いのは、かつて識字率が高かった諸国です。1850年ごろ、すなわち160年前の識字率の高低がそのまま経済格差となって、今日までつづいています。おそらく1600年から1900年までの300年の間、地球上では、北欧を除けば、甲賀もそうですが、京都の周辺が最も民衆の識字率が高い農村です。このあたりは東アジアのなかでも、いちばん読み書きのできる人たちが暮らしていました。

甲賀の周辺、滋賀県の八日市などが有名ですが、このあたりは中世に「惣村」が出来上がった地域です。教科書にも出ていますが、この惣村は構成員の村人たちが、自分たちの掟（惣掟）を定めて強力な自治を行っていました。この惣掟には、「一、犬を飼ってはならない。一、草刈り場の争い（出入り）にはみんなで団結する」とか書いてある。700年以上前、鎌倉時代から掟書ができています。村のなかでも身分の高い農民たちが中心になってつくったのですが、成文法を農民が取り決めて、文字でその条文を書いて、みんなで読み合わせて、自治を行っているのですから、すごい社会です。しかも、この農村秩序が600年近くも続いていました。区有文書として、村ごとに約500年前の古文書をみんなで抱えて暮らしている社会は地球上のどこを探しても滅多にありません。このあたりが滋賀県のすごさです。

このように甲賀や伊賀の人たちは文字を知っていました。京都や奈良に近いところですから寺院や神社が多い。経文を学ぶことが文字や知識の源泉になっていました。中世の人間教育は実に宗教的です。教育が寺社に依存していたのです。牛若丸こと源義経が鞍馬山に入ったお話は有名ですが、寺社で修行したのは、牛若丸だけではありません。中世は、武士も豪族も上層農民もみな教育は寺社で受けるものでした。大体、7歳から10歳ぐらいで、お寺に住み込みました。中世の寺社は神仏の区別がありませんから、寺でも神社でも経をひたすら読んで、お坊さんと同じ修行をしました。

ところが、江戸時代になると、これが大きく変わります。寺子屋ができました。家から通学するようになりました。お寺に子弟を住み込ませるのは、大変ですから、中世には、よほど身分が高いか、豊かな家の子弟でなければ、教育は受けられませんでしたが、近世、つまり江戸時代になって、寺子屋ができると、教育が大衆化されました。

しかし、甲賀では、中世の時代から、識字の水準は高かったと思われます。というのも修験道が広まり、一般民家も寺状態です。甲賀では普通の家も、しばしば「何々坊」という屋号を持っています。たとえば、甲賀流忍術屋敷の望月家は「本実坊」といいます。山伏の「宿坊」の体裁をとっていました。一般の人たちが山伏となって経文を読んでいました。経文は漢文が主体ですから、読んで理解をするのは難しいものです。しかし、それが理解できる人間が甲賀にはたくさんいました。

そのうえ、甲賀は土地の豪族が「惣」という連合体をつくり自治をしていました。ご承知のように、甲賀一郡の地侍が連合して「郡中惣」という結束団体をつくって自治を行い、よそからの侵略に備えていました。そして、甲賀の地侍は、それぞれ館を持っていました。50メートル×50メートルほどの正方形の土地を5メートル近い土塁で囲んだ館です。それが集落ごとに1つか2つあるわけです。そこにいて、それぞれが郷村を支配していました。

室町から戦国期の甲賀は、地侍の小宇宙的世界でしたが、けっして閉じている世界ではありません。室町幕府の騒乱が起きると、将軍や公家が、しばしば、この甲賀の谷へ逃げ込んでくるのです。彼らが京都で戦争に負けて逃げてくるたびに、都の最先端の洗練された文化が、この地に流れ込んできました。都の政争が暮らしに影響してきますから、甲賀の人々は政治にも情報にも敏感になります。もとより、甲賀は山伏の宿坊だらけの状態で、経文を読んだり、呪文を唱えたりしているうちに、識字率も高い地域となっている。そこへ、都の文化的政治的な刺激が入ってくるわけです。そうしているうちに、地侍たちが、インテリジェンス、すなわち情報活動を行うようになっていったと考えられます。

三河武士の鑑・鳥居元忠の真実

さて、甲賀の侍で有名なのは、徳川家康の関ヶ原の戦いの前後で大活躍した山岡道阿弥でしょう。甲賀の侍がいなかったら、家康が天下を取るのは危うかったのではと思います。なぜかというと、関ヶ原の合戦時に、家康に時々刻々と情勢を報せ、小早川秀秋の裏切り工作などを背後で実施していたのは、山岡たち甲賀侍であったからです。山岡の一党ら甲賀侍は、上方に残された徳川方として関ヶ原政局に臨みました。一部は、伏見城に立て籠もり、西軍・石田三成方の進軍を遅らせて、討ち死にしています。

この伏見城の戦いは悲惨なものでした。甲賀侍は、この悲惨な戦いにもかかわっています。関ヶ原合戦の前、徳川家康は、竹馬の友で一番信頼している、鳥居元忠を伏見城に置いて関東に下ることにしました。家康が関東に下ると、石田三成らが挙兵することは予想されていましたから、伏見城で留守番をする人たちは石田らの大軍に囲まれます。討ち死にが確実でした。

しかし、伏見城の鳥居たちに沢山の兵を預けていくと、兵力が分散することになって、あとで石田側をやっつけることができません。そこで家康はやむなく1800人という少兵力を伏見城に置いていくことにして、棄て城としたのです。伏見城を襲う石田勢は最大10万人と予想されました。10万人対1800人では勝ち目がありません。全滅が予想されるので、家康は、伏見城に親子2人ともが立て籠もらないように、全滅で三河武士の家が断絶しないように、配慮して、関東に下っていきました。

伏見城に入った1800人は、もう確実に死ぬのですが、その主将・鳥居元忠と家康は最後に語りあったといいます。家康と元忠は小さいころからの付き合いでした。家康は小さいころ、駿河の今川義元のところで、人質になっていました。家康は人質ぐらしでストレスがたまり、しばしば、元忠にあたりちらしたようです。家康は鷹狩りが好きでしたが、人質なので、はじめは鷹が用意できませんでした。それで鷹のかわりに百舌鳥《もず》で遊んでいました。元忠が、百舌鳥を手にとまらせようとしたら、幼い家康は、突然、やり方が悪いといって、怒りました。元忠を縁側からけり落としたといいます。ところが、元忠は何も文句をいわない。元忠のお父さんも何も文句をいわない。

鳥居元忠のお父さんは、こういったといいます。「家康公はいま人質だ。萎縮させてはいけない。親しい人間を、いきなり容赦なく、とっちめるとは、むしろ大将の器にふさわしい。将来が楽しみだ」。そのうえ、あるとき、三河岡崎城の倉庫に連れて行きます。するとなかには永楽銭が山と積んである。そして家康にいいます。「この銭は家康公が徳川家を再興するための銭です。三河武士が必死で倹約して貯めた銭です。銭は横向きに積むと割れるので縦に大切に積んであります」。三河武士というのは忠義なものです。いくらでも犠牲になってくれる。しかし伏見城に鳥居元忠を置いて行くとき、さすがの家康公も泣いた、といいます。

関ヶ原の戦いと甲賀忍者の活躍

このとき、三河武士ではありませんが、甲賀侍100人余りが同じように伏見城に入ったのです。当然、生きて帰れない。実際には4万人の軍勢に囲まれて、甲賀侍100人のうち生き残ったのは30人、大将クラスは10人いましたけれども生き残ったのは半分ほどでした。このとき、甲賀侍の一部が裏切って、敵軍を城に引き入れるのですが、裏切らなかった甲賀侍もいて、ずいぶん討ち死にしました。このときの働きがあるものですから、徳川家では、甲賀侍はかなり優遇されているように思います。

そのうえ甲賀者は、近江から関ヶ原にかけて地の利があるので、西軍の動きを家康に報知していたようです。関ヶ原のとき、小早川秀秋の戦意があまり高くないことは、おそらく、周知の事実であったと思います。というのも、小早川軍は、関ヶ原への進軍速度が遅かったのです。

小早川秀秋は甲賀に近い琵琶湖のほとりを、狩猟をしながらのろのろ進みました。これは戦意がない証拠です。甲賀の山岡道阿弥は、家康にこういった情報をつたえたことでしょう。そして、交渉の余地がありと見て、家康らは、小早川の寝返り工作を具体的に始めています。小早川の家老に使いを出して交渉するのです。このとき、黒田如水・長政親子や山岡道阿弥が、関ヶ原の情報戦・裏交渉を行いました。そのおかげで、家康は、関ヶ原に到着したときには、すでに、戦わずして勝利をつかんでいた状態でした。

しかし、家康の関ヶ原での度胸はすごいのです。とても大胆な戦いをしています。関ヶ原の家康本陣の背後の南宮山には、毛利の大軍が陣取っていて、これが山を下って、家康を襲えば、家康はひとたまりもない状態でした。ところが、家康は大胆にも前進し、小早川軍に鉄砲玉まで撃ち込んで、裏切りを催促して、寝返らせ、一日で勝利を手にしています。なみの性根玉ではありません。度胸がありすぎます。

「家康公は耳に臆病、目に大胆」といわれます。何かといいますと、家康は、敵の情報を耳で聞いているうちは心配性で臆病です。怖い、恐ろしいで、準備を怠りません。ところが敵の旗を目で見るや、ものすごく大胆な行動に出ます。家康の作戦行動を見るといずれもそうです。小牧長久手の戦いでも、やるまえには周到に準備します。深い濠《ほり》を掘ったり、要塞をつくったりします。しかし、いざ作戦行動となると、「味方の後ろ頭を見て采配をふっていては、戦に勝てぬ」が口癖で、前進していって味方をはげまし、馬の鞍を握りこぶしでたたいて手を血だらけにしながら叫び、敵陣を突き破るのです。しっかりと準備をしておいて、いざ戦いが始まると、狂う。これが家康の真骨頂で、また、こういうことをやっても三河の武士団は結束して討ち死にを厭《いと》わない士気の高い軍団でした。

甲賀者と伊賀者の待遇のちがい

話がずれましたが、甲賀は家康のために役立っています。そのせいでしょう。徳川幕府では、一般に、伊賀忍者よりも甲賀忍者のほうが高給取りになっていました。伊賀忍者の給料を調べてみましたけれど、神君伊賀越えで、世話になっていたのに、家康が関東入りしたとき、ヒラの伊賀者に与えた年俸は1人5貫文でした。今の労働賃金で計算しますと100万円あるかないかです。待遇が悪すぎます。徳川家では伊賀者を伊賀同心にしますが、あくまでも身分の低い「同心」です。ところが、服部半蔵にだけは何千石という領地を与えました。一般の伊賀者は貧しい。暮らしに困ります。江戸市中で盗賊などを始めて騒動になり、服部半蔵は監督不行き届きもあって、改易になりました。しかし、貧しい状態のままで伊賀同心は残りました。今の東京の原宿や、表参道あたりの土地をもらって伊賀同心約100人が6ケ村に高1000石ほどをもらいました。高1000石を100人ぐらいでわけると1人に高10石ぐらいの土地ですから、伊賀者の暮らしは一般農民と変わりません。それに比べますと甲賀忍者は高給です。与力と同心を合わせて110人ですが4000石をもらっています。110人で4000石ですから1人平均40石弱です。甲賀忍者は同心より身分の高い与力もいます。単純に平均すると、伊賀者よりも甲賀者のほうが4倍ほどの高給を取っていました。

忍者の危険度と死亡率

　ところで、忍者の仕事は、どのぐらい危険だったのでしょうか。忍者を相手に生命保険を始めるわけではないのですが、忍者の死亡率は知りたいところです。先ほどの話のように伏見城籠城戦など、個別の戦いについては、忍者の死者数がある程度わかります。ほかにも古文書を読むと、敵地に潜入しようとした忍者8人がつかまり殺されたとか、いろいろな記述に出会います。しかし、ある忍者集団を、一定期間にわたって観察し、任務での死亡数を記した史料はなかなかありません。

　しかし、先日、そのめずらしい史料を見つけたのです。どこにあったか。妙なところから出てきました。無窮会図書館の神習《かんならい》文庫という政治家の平沼赳夫《たけお》さんが理事長をつとめる会員制の図書館にあったのです。平沼赳夫さんの養父平沼騏《き》一郎《いちろう》が総理になる前に、井上頼圀《よりくに》という大国学者の蔵書を買い取ったものが神習文庫です。そこにあったのです。

　それは「伊賀路のしるべ」と書かれた冊子でした。日本中に古文書が幾百万あっても、生涯かけてできるだけ読もうと決意していたので、読みにいっていたとき、見つけました。

天正10（1582）年、織田信長が本能寺の変で殺された年、家康は有名な神君伊賀越えをやって、堺から三河に逃げ帰りました。伊賀忍者に救われながら窮地を脱出したのです。その直後、家康は200人の伊賀者を召し抱えます。その天正10年から家康が亡くなるまでの34年間の伊賀忍者の記録でした。

これによると、家康に召し抱えられた伊賀忍者は34年間で12回の合戦に出ています。この12回の合戦で討ち死にした伊賀者の名前が「伊賀路のしるべ」には記されています。全部で76人が死んでいました。伊賀組は200人ということですから、戦死率は38％ということでしょうか。34年間、家康のもとで忍者をやると約4割は死ぬということなのでしょう。ちなみに忍者だけが危険であったわけではなく、徳川家の旗本たちの系図を見ると、討ち死にした人が少なくないようにも思います。このあたりは今後比較してみたいところです。

伊賀者がどういう死に方をしているのかは気になります。どうも死亡の内訳を見ると、家康に仕えたばかりの天正11（1583）年の夏から天正13（1585）年夏の2年間の戦いで大勢が死んでいます。たとえば、蟹江の合戦です。木曽三川の河口に蟹江という湿地帯があり、蟹江城というお城があって、甲賀出身の滝川一益の一党が立て籠もって、これを徳川方が攻めることになりました。家康は伊賀者たちに「蟹江城を攻める突破口をつくれ」と命じました。沼地のこの城に対して、櫓《やぐら》の下にとりつけ、という命令です。仕方がなく伊賀忍者は進みます。ところが、櫓の下にとりついたところで、滝川軍のよく訓練された鉄砲隊の銃弾をあびます。それで伊賀忍者は大量の戦死者を出しました。

家康は、可哀想だと思ったのでしょう。「伊賀路のしるべ」には「家康公はご不憫《ふびん》に思われて30枚の鉄の盾を賜《たまわ》った」と記されています。「損害を出すまえに、最初から忍者に鉄の盾を与えろ」といいたくなりますが、とにかく鉄の盾を渡しているのです。この地で、家康は伊賀忍者の戦死者を寺に葬ったそうです。

川を渡る突破口をつくるのは忍者の重要な役目でした。岡山藩の古文書にもその記録はあります。岡山藩が、忍者を一番ありがたく思ったのは、大坂冬の陣のときでした。

豊臣の大坂城を攻めたとき、岡山藩は淀川（天満川）の岸に布陣しました。それで大坂城を攻めるには、渡河作戦が必要になりました。大坂冬の陣ですから、もちろん冬です。冬の淀川は川幅が広く、下手に渡ると溺死をします。事実、のちに水口藩の城主になって甲賀の地にやってくる加藤左馬助の軍勢は、多くの溺死者を出しています。ですから、淀川の浅いところを渡るには、あらかじめ、瀬踏みをして調べなくてはいけません。

しかし、冬の寒いときに川に入って、それを調べるのは大変です。岡山藩では2人の忍者にそれを命じました。忍者を川に入れたものの、寒さで凍えて生きて帰ってこないかもしれないと思っていたのですが、この忍者たちは無事に浅瀬を調べて帰ってきました。忍者が、ぶるぶる震えながらずぶ濡れで水から上がってきたので、岡山藩の家老伊木長門守が自ら焚火をたいて、この忍者を暖めたといいます。合戦のあった時代は、それぐらい忍者の働きは、藩にとっては大切なものでした。

さて、最後に、甲賀忍術について説明します。忍術は秘密のままにしておいたほうがいいのかもしれませんが、記録が残っていますので、少しばかり講義いたします。尾張藩には、甲賀忍者の忍術秘伝書が残っています。享保の時代、尾張藩につかえた木村奥之助という忍者がおりました。この忍者などから近松茂矩という尾張藩士が聞き取りをして忍術についての書物がつくられたことは前述しました。

木村奥之助は、おしゃべりの忍者だったようで、私のような歴史学者にはありがたい存在です。木村は、甲賀忍法は秘密であり、伝授にはやりかたがあるといっています。最初に、その人が信じられるかどうか、そして器用な人であるかを見極めなくてはいけないそうです。木村が忍術書を残そうとしたのには、あせりもあったようです。このままでは忍術が衰えていくというあせりです。

木村奥之助は、忍者の世代交代に悩んでいました。忍者の世代交代というのも妙な話ですが、享保のころになると、これまで甲賀者が持っていた全国ネットワークは失われていったようです。享保といえば1720年代前後です。このころ甲賀忍者のうち70歳以上の古参の者は、まだ全国ネットワークを持っていました。他国の甲賀者と手紙のやり取りなどをしていて、いつどこで戦争が起きても、全国からの情報を取ることができたのです。ところが、木村はいいます。甲賀者のうち70歳以下の者は、もう全国から情報を取ることを怠るようになってきている。甲賀の未来が心配だ。

「甲賀未来記」の予言

木村は、甲賀忍術の組織がどんどん衰えていくであろう、役に立たなくなっていくであろうと予言し、「甲賀未来記」という書物を残しています。

どのようなことを書いているかというと、甲賀者同士は、先祖代々、昔は兄弟のようなものだったが、今は他人同然のようになっている。昔は、甲賀の者は子々孫々まで分身のごとく覚えていて、一心同体に思っていて、遠くの国に分かれて住んでいても常々、交流があった。互いに用事があれば直《す》ぐに連絡が取れた。だから、甲賀者でさえあれば、何もしなくても情報を持っている、忍びとして使えるという信用が、天下の人たちにあった。そう書いています。

つまり、全国規模のネットワークを持っていたことが甲賀者の情報力のもとであったのです。しかし享保のころには、70歳以上のお爺さん忍者以外は、それが失われてきているというのです。この享保のお爺さん忍者は、だいたい1650年代前後の生まれの忍者たちです。年号でいうと、正保から寛文初年の生まれです。このころまでは、まだ戦国時代の生き残りの老忍者がいて、お爺さん忍者たちは、幼いころ、彼ら戦国生き残りの忍者から教育されたはずです。おおむね、この世代までが、忍者らしい忍者だったのでしょう。事実、忍者の本来の機能をはたしており、甲賀の者は全国規模で情報を交換し合っていました。

「大忍の大事」こそ忍者の神髄

尾張藩士の近松茂矩が、木村などから、甲賀の忍術について聞き取った内容は、どのようなものだったのでしょうか。忍者の「大事」についての記録が残されています。まず、「見つめ聞きつめの大事」というのがあります。甲賀忍術について、大切なことは、何事においても、さっと一通りに、見聞きしてはならない。まず、とっくりと念を入れて見つめ聞きつめることである、といっています。じっと見て、外見にちらっと見えたり、表われたるところをよく観察して、内情を察していく、これが重要なことだというのです。

小さな兆候を見て、その背後にある大きな状況に気づけ、ということです。「桐一葉落ちて天下の秋を知る」という句がありますが、まさにこれです。桐の木の1枚の葉がはらはらと落ちていく、これは小さな情報です。しかし、それは、これから天下が秋になるという大きな変化の兆候なのです。小さな兆候が何を意味するのか。情報をつきつめて考えるとその関係がわかってきます。

甲賀の忍術書では、情報を取るということについて、しっかり書いています。「大忍の大事」ということも書かれています。これはどのようにして手づるをつくって情報を得るかということです。平常から、諸国に手づるをこしらえておいて、通達・交渉を自由にしておくことが肝要なり、といっています。要するに、ふだんから、友達をたくさんつくっておきなさい。ことが起きていない平時から、人脈をつくっておかないと、いざ戦争になったとき俄《にわか》に情報網をつくろうとしても無理だといっています。

では、どうやって手づるをつくるのでしょうか。このように書いてあります。詩歌・茶の湯・将棋・囲碁・遊芸、なんでも芸を身につけなさいというのです。何かの芸事を身につけ、それを通じて、広く他国の者と交際・文通などして、なるべく自分の名前を天下に知られるようにしておきなさいとも書いてあります。しかも、尾張藩の忍者の実例が書いてあります。尾州の忍者でいえば、誰それは将棋、誰それは碁・茶の湯というように、特技を持っていて、他国とのネットワークをつくっていたようです。藩に召し抱えられたものはそれなりに芸を身につけて、その芸事を通じて、他国に知り合いをつくり、人を紹介してもらう。そうやって情報を取るのだと書いてあります。

人間を知るための極意「四知の伝」

最後に甲賀忍術書にある「四知の伝」というのをお教えします。四知とは人間を知るための甲賀忍者の4つの方法を意味します。「望・聞・問・切」の4つです。

「望」は何かというと、その人の風体、衣装と行動を眺めることです。何もいわずにただ眺め観察し、それで人物を知るのです。次の「聞」は聞き取り調査です。「あの人はどんな人ですか」と、聞き合わせをして人物を知ります。もう一つは「問」です。本人に直接に質問をして、どんな人物かたしかめます。そして最後の「切」が一番肝心です。その人の行動を試してみて、心の隠れたところ、心根までも知るのです。たとえば、女に弱いかどうか知りたいなら、女を近づけてみます。金に弱いと思ったら、金で釣られるか、たしかめてみるといった行動観察実験が「切」です。

徳川家康などは、徹底して、この行動観察でもって、政治判断をした人物といってよいでしょう。人間は、口でいっていることよりも、行動を見たほうが良くわかります。それは国家間の外交の駆け引きでも、男女間の恋愛感情のさぐり合いでも、同じです。人間が本気なときは必ず行動に現れるものです。

とくに政局判断などで、他人の口ぶりを信じて行動すると大変なことになります。家康は幼いころから辛酸をなめてきましたから、それが骨身にしみていました。家康は、関ヶ原の戦いで、黒田長政・池田輝政・福島正則などの武将たちを引き連れて合戦をしましたが、はじめはなかなか、その味方たちを信じようとはしませんでした。ひたすら、行動を観察し、彼らが敵の岐阜城に攻めかかった時点、つまり敵軍攻撃の行動をとったときに、これは本気で石田三成と戦う気があるのだと信用しています。家康は「人間の本心が知りたいなら、言葉よりも行動を見よ」を徹底していたのです。

甲賀の人たちも、この「四知」で人物を判断していたのでしょう。人物がわかっていないと、忍びの仕事などできません。人間の観察こそが「大事中の大事」であり、それをやるためには四知という方法があるんだと、甲賀忍者は忍術書に残しています。忍者は物事を探るのが仕事です。あるいは人間の本心がいちばん探りにくいということなのかもしれません。

江戸の治安文化

いつから日本は人命にやさしい国になったのか

江戸時代の治安の話をしたいと思います。あらゆる社会集団は歴史のなかでつくりあげてきた治安についての意識・行動パターンをもっています。それをここでは「治安文化」とよんでみます。犯罪の多少はいろいろな要因で決まりますね。短期的には、社会不安の程度や経済状況が関係するでしょうし、犯罪の取り締まりの巧拙などによっても決まります。しかし、それより気になるのは、治安の良し悪しは、その国が何百年も培ってきた「文化」の影響を強くうけるという厳然たる事実です。

いま、この国は安心して暮らせなくなってきている感があります。しかし、地球規模でみれば、まだ日本は安全な国でしょう。世界の殺人発生率を国連の犯罪統計局が出していますが、アメリカが人口10万人あたり年間7人、台湾が8人、韓国が1・6人なのに対し、日本の殺人発生率は約0・5人です。つまり、県庁が置かれているような、人口50万人ほどの都市ならば、1年に2人半が殺されるという頻度で、殺人がおきている。これとて、悲しいことではあるけれども、ほかの先進国と比べたときには、きわだって、低い。いまの日本人は、めったやたらには、人を殺さない人々ですね。しかし、昔から、この国の人々がそうであったのでしょうか。戦国末期までの人々の姿をみると、そうとはいえません。中世文書にみるこの国の人々は、江戸時代以降の日本人に比べて、はるかに荒々しく、大げさな殺害行為も日常のごとく、行われていました。

いつから、日本は、人命にやさしい安全な国になったのでしょうか。この問題について、正面からとりあげているのは、近世史家の塚本学氏です。塚本氏は、その著書『生きることの近世史』で「人命環境の歴史」という視点から、この国の歴史を考えていますが、日本人が人命環境の安全を得るのは、やはり江戸時代になってからとの見方を示しておられます。たとえば信長の時代に、ルイス・フロイスという宣教師がヨーロッパからやってきました。この宣教師は観察の天才であり、彼ほどに日本人をよくみすえた宣教師はいません。フロイスは『日欧文化比較』（1585年）のなかで、日本人はまことに不思議な人々だといっています。

というのも、ヨーロッパ人は動物を殺されるのに抵抗はなく、人を殺すのには抵抗がある。これが当たり前だと思うのですが、日本人ときたら、動物を殺すのをとても嫌がり悲しむくせに、人が殺されることについては、とてもあっさりしている、と驚いています。戦国時代、さらにいえば1650年ごろまでの日本人は、けっして、おとなしくはなく、それ以後の日本人とは違った、一種独特の殺伐さを持っていました。

人を殺さない、盗みをしない日本人というのは、おそらく、豊臣秀吉の政権のころからその種がまかれ、江戸時代を通じてつくられたといっていいと思います。実は暴力による土地・財産の確保が「公」の権力によって積極的に取り締まられるようになったのは、江戸時代に入ってからのことです。

中世の段階は、そうではありません。鎌倉幕府や室町幕府の犯罪に対する基本的態度は「当事者からの訴えがあってはじめて検断（捜査・処断）する」という当事者主義でした。この時代の厳しい状況は、清水克行『喧嘩両成敗の誕生』などに詳しいですが、「獄前の死人、訴えなく検断せず」という言い慣わしが当時あったように、たとえ刑獄の前に死体が転がっていたとしても、遺族が訴えなければ、捜査ははじまりませんでした。つまり、殺人でさえも「親告罪」だったのです。当事者の告訴がなければ捜査されませんでした。今日では、ほとんどの犯罪に対して、それが明らかであれば、国家は自動的に捜査をはじめるようになっており、親告罪は親族間の盗みや一部の性犯罪（刑法177条）などに限られています。

しかし、「殺人や盗みをすれば、かならず、お上の御仕置きをうける」という観念が、民衆の通念となるのは、思いのほか最近のことで、江戸時代になってからのことです。実際、人を殺せば、お上（公権力）に処断される――これを常識化するのは容易なことではありませんでした。しかし、どういうわけかこの国では、江戸時代に、これをなしとげることができた。それが、いまを生きる我々にとっては、計り知れない遺産になっています。日本人が、なかなか罪をおかさない文化を持っていることの効用は、想像以上のものですね。

江戸は意外にも銃が蔓延した社会だった

我々は、江戸時代の治安遺産を持っていますが、その治安遺産とは具体的には、どのようなものでしょうか。たとえば、銃の保有と殺人の関係について考えてみたいと思います。同じように銃を持っていたとしても、殺人発生率が上がる文化を持っている国と、そうでない国があります。殺人行為は、個々の人間の性格によるものと思われがちですが、実際には、国・地域や民族によって、殺人にも文化のようなものが存在します。

アメリカは銃保有数が多く、銃による殺人も多い。殺人抑止のために、銃は持たぬにこしたことはなく、その意味で銃規制は必要ですが、銃保有が多ければ、それだけで殺人が激増するのかといえば、話はそれほど単純ではありません。カナダ、フランスは、3割ちかい家庭が銃を持つ銃社会ですが、銃が多いほどには、殺人が多いとはいえません。銃を持っているということと、銃を動物でなくて人に向けて撃つということは微妙に違います。人に向けて銃を発砲してしまう文化と、そうでない文化がやはりあります。これをもって単にアメリカを批判する意見もありますが、批判する以前に、考えるべきこともありそうです。人に向けて銃を放つ文化が、どのように形成されてしまったのか。一方、幸いにも、そういう悲惨な文化をのがれた我々の国は、歴史的に、どのような道をたどったのでしょうか。

江戸時代の日本は、我々が思っている以上に、銃のある社会でした。『長野県史』資料編でもって、ある村の貞享5（1688）年ごろの銃保有の状況を調べてみると、人口が約4000人の村で、277丁もの銃を持っています。このうち発射が許されている猟師の銃が104丁。猪の脅《おど》し鉄砲が173丁です。人口4000人というとせいぜい1000軒たらずであり、そこに銃が277丁もある。このように江戸時代には農村部には大量の鉄砲が保有されていました。

豊臣秀吉の「刀狩り」は実は日本の全国民の武装解除を行ったものではありませんでした。秀吉の刀狩り令は、当初、紀州の一揆を鎮圧するための地域法令として出され、その後、ひろく畿内などに発令されましたが、そもそも全国民の武装解除には、成功しませんでした。

当時、畿内周辺の「惣村」は、自分の村は自分で守る「自検断」の意識を持っていました。これは、領主に抵抗する「とりで」になりかねない。そう思った秀吉は、刀狩りの命令を出したとされますが、実際には、その効力は一部にとどまっていて、全国的な武装解除などとはほど遠かったようです。「刀狩り」については、藤木久志『刀狩り——武器を封印した民衆』という研究があります。藤木氏は秀吉の刀狩り令は、武装解除というよりも、身分統制に帰結していったことを明らかにしておられます。実際、このあと日本の民間から、刀や銃が消えることはありませんでした。大量に保有された状態のまま、昭和をむかえます。しかし、秀吉以後、百姓の「帯刀権」が公によって管理され、さらに徳川幕府にいたって、武器は所持されるものの、武器の「改め」が行われ、「公」への登録が前提となった武器保有になっていきます。ここが非常に大切なところであります。現在、日本では保有許可を受けた民間の銃が40万丁保有されているそうです。これからすれば、保有率は人口比で0・5％以下であり、銃の保有家庭は120軒に1軒ということになります。

江戸時代には、これよりもはるかに銃保有が多かったようです。刀の保有も多かった。この江戸時代以来の日本人の家庭から銃や刀が消えたのは、アメリカ軍の占領によるところが大きいのです。占領軍が、日本の家庭から「刀狩り」を行った成果は、藤木氏の前掲書などから、概数を示せば、銃器で80万丁、刀剣1114万本（日本刀90万本・軍刀

24万本)、槍14万本でした。日本家庭が銃刀を持たないのは太閤秀吉のせいではなく、アメリカ軍のせいですね。

江戸時代には、たくさんの銃が農村にありましたが、その管理は実際のところ、非常に厳重でした。元禄期になると、鉄砲改めが全国で徹底して実施されるようになる。村中の火縄銃を集めて、数量や使用目的を記録する。たとえば、害獣を脅す音だけの「脅し鉄砲」と、猟師が猟銃として使う鉄砲は、はっきり分けて用途を登録しました。さらに、銃の使用は許可をうけた本人だけで、「親子・兄弟たりとも」貸してはいけないと通達しています。前近代の国家で、ここまで銃管理を徹底させた例はあまりありません。銃の登録制度が古くから徹底され、銃の使用はあらかじめ登録した許可者に限られていました。

このような体制が構築されたのは、1680年代末から1700年ごろのことでした。そのため日本の銃は獣には向けられても人には向けられなくなりました。当時の将軍は、5代・徳川綱吉です。生類憐れみの令で知られる将軍ですが、日本の治安文化からいえば、この時代に「生命保護」と「武器管理」が強力にすすめられた結果、後年の一大遺産になったという評価もなりたちますね。

日本の犯罪発生率の低さは綱吉時代に始まる

ようするに、日本社会は、この1700年ごろまでに、暴力の日常化した「中世的世界」を脱却していきました。いわば中世的暴力に、最後のとどめをさしたのが、徳川綱吉の政権だったのです。

歴史学では、鎌倉・室町時代(中世)を「自力の世界」ととらえ、江戸時代(近世)を「法治の世界」ととらえることが多い。中世の「自力」とはわかりやすくいえば、「やられたら、自分でやり返す」「自分の身は自分で守る」という思想で、自己武装が前提になった考え方です。日本の中世は、公権力が強大なものではないから、警察権や裁判権などを、公にゆだねることができません。たとえば、村や町に泥棒がきてもこれを捕まえる公的サービスが提供されない。しかし、江戸時代、近世になると、そうではありません。盗人をのさばらせておくのは、お上のご威光にかかわります。別に、領民の生命財産権を守るのが、領主の自明の義務になっているわけではありませんが、領主自身の威光を傷つけぬため、という理由でもって、犯人の捜査や処罰が行われるようになっていった。そこにいたって、犯罪者を処刑するのは、被害者たる自分たちではなく、国家の警察力だと考えるような意識が日本人に生まれてきました。これが江戸時代の近代的なところです。

信濃の国を例にして、この変化を見てみましょう。『長野県史』で、長野県内にあった諸藩が藩の法令で、犯罪人の逮捕について、どのように定めているかを調べると、興味深いですね。実は、江戸時代の公権力の警察力も大きなものではありません。与力、同心、岡っ引きが、江戸を巡邏《じゅんら》して犯人を捕縛するのは、都市に限った話であり、江戸時代の治安維持は実際のところ、町や村の自警力に負うところが大きかった。そのうえ、江戸時代のはじめごろは、まだ中世の名残があって、犯人は自分たちの手で捕縛し、手向かいすれば殺すのが、ふつうの観念で、藩の法令も、そのように規定されていました。

1670年の上田藩の法令には「もし盗人、徘徊つかまつるときは、声を立て、村中は申すにおよばず、近隣の村々よりも聞きつけ次第、人々棒を持ち出し、声を合わせて、夜中ならば、たいまつをともし」、道筋で待ち受けて、「からめ伏せ、早速、代官中へ」

注進せよと定めています。しかし、もっと重要なことに、「もし大きなる盗っ人にて、手に余りそうらわば、たとい当座に討ち殺し」ても、「苦しからず」と書いてある。要するに、手に余る者だったら、棒でたたいて殺してしまえ、と藩が命じていたわけです。

これは隣の松本藩でも同じで、1669年には「在々ならびに寺社方、盗賊入りそうろうべくは、毎度申し上そうろう通り、その家より声を立てそうらわば、近辺の百姓、早速掛け合い、からめ捕り申すか、または討ち止め申しそうらわば、きっと褒美つかわすべきこと」と、定めています。

つまり、盗賊をしとめれば、褒美が出る。村の自警力が、犯人を殺害することを肯定しています。この時代の藩法は、この犯人の捕まえ方についても詳しくて、鉄砲や「鐘、拍子木、何にても合図を定め」「鳴らしそうらわば、村は申すにおよばず、他村たりといえども、早々駆けつけ、夜盗の者を討ちとどめ申すべく」とあります。

さすがに、鉄砲による犯人射殺までは文言化していませんが、現場へは、合図用の銃を持った村人が犯人捕縛に急行することが規定されている。銃など武器を持った村人が、犯人を制圧するというのが、近世前期の村の姿でした。

しかし、この状態は1700年ごろを境に、変化がみられます。簡単に犯人を殺すな、という法令が出てくることが、『長野県史』編纂《へんさん》の過程で明らかにされています。前述の法令から一世代をへた36年後、1706年の上田藩法令では、このように変わる。「昼夜に限らず、兼ねて合図を定めおき」、「近郷までも出会い、からめ捕り申すべきこと」。この前までは討ち殺せと書いていたのに、今度は、その文言がなくなり、ただ、からめ捕れ、と指示が変わります。盗っ人であるだけで、民衆がよってたかって犯人を殺害することを、法令が想定しなくなる。

これなどをみても、1700年前後に、犯人の処刑は、公の裁判、つまり「公裁」にゆだねる治安文化ができあがってきたことがうかがえます。逆をいえば、それまでの日本はアメリカ映画『ダーティハリー』のように犯人は自ら始末する「中世的自力の世界」でした。その状態が続いて自警組織でやっていたとしたら、日本の治安文化は相当ちがったものになったにちがいありません。江戸時代の1700年前後までに、日本人は近代につながる治安の意識を自分のものにしていきました。

また、このころ、道理に基づいた裁判を犯人にうけさせる習慣ができあがりました。それまでは、犯罪の容疑だけで討ち殺されることもありましたが、次第に公権力が審理を行い、そのうえで刑罰に処するという流れに移行していきました。犯罪があれば、お上に突き出す、という意識が定着していったのです。

このような治安文化が、この時期にできあがったことは画期的なことでした。こうした治安文化が熟せば、生命の安全度や人命尊重の意識は著しく向上する。今日、国際的にみたときの、日本の犯罪発生率の低さは、やはり、近世に達成した大きな治安遺産のうえに成り立っているように思えてなりません。

治安は町や村の自警力によって維持

ただ、江戸時代の警察力が、すぐれたものであるかといえば、そうでもないのです。大きな弱点を抱えていました。というのも、武士の数が絶対的に少なく、しかも武士は城下町にいて、多くは軍事要員であり、警察力や行政力には、そのごく一部しかまわされないので、民衆の治安は、やはり、町や村の自警力によって維持せざるをえませんでした。その意味で、近世の治安維持は近代的な面をはぐくんではいたけれども、やはり中世以来の伝統をひきずっていました。

というのも、江戸時代、武士の数は総人口を100とすると2人ほどでした。これは藩が扶持《ふち》している家老から足軽までの総人口にたいする割合で、武士の家族は含まれません。家族をふくめれば人口の6～7％ほどが武士とその家族であったでしょう。ちなみに、戦後日本の公務員数は人口100人あたり4人ほどで推移しています。どこまでを公務員とするかという問題はありますが、ともかく稲作部門からは40％ちかい年貢をとっておきながら、武士の人数というのは、それほど多いものではありませんでした。しかも、武士は元来、住民サービスのための人員ではありません。殿様の警護や、有事の際の軍事力として養われていました。多少なりとも住民サービスに従事する、代官所や町奉行所の人員は、人口3万人を擁する一つの郡あたり10～15人という人数でした。また水戸の城下町も当時人口は2万人ほどでしたが、水戸藩はこれを30～40人の町方役人で治めていました。役人1人あたりで500人を治めていた勘定になります。

郡部の郡奉行所がわずか10～15人で3万人の行政を警察だけでなくて、すべてやっていたといっても、これが可能なのは、江戸時代の奉行所・代官所が、税務署と代用監獄ほどの役割しか担《にな》っていなかったことによります。奉行所の主たる任務は年貢の徴収であり、今日のこまかな行政サービスは、庄屋と村の仕事でした。犯罪がおきても、犯人は村人たちが捕まえてくる。奉行所は、牢屋と番人さえ置いておけばよく、郡部では巡邏も警邏もしていませんでした。明治の警察のように、衛生指導を行うこともありませんでした。

そもそも、江戸時代の大名は私的な領主であり、領土から年貢をとるのが本業です。年貢は近代的な意味での「税」とは違う。税は住民にサービスをするために徴収していますが、年貢は領主が自己消費のためにとっている地代であり、それをつかって住民サービスをする義務は、本来的にはありません。しかし、江戸時代は近代社会に近くなっており、藩や大名は「仁政」を行うべきものと考えられ、年貢で最低限の住民サービスを行うべきとの思想が一般化しつつありました。たとえば、浅間山が噴火し、領民が被害に遭ったような場合、領主は「仁」でもって、領民を死なせぬよう年貢のなかから「お救い」を支給することになっていました。しかしながら、ふだんの藩をみてみると、住民サービスをするようにはできていない。江戸時代は兵農分離の社会でもあり、多くの武士は、領民とふれあう場所には配置されていませんでした。武士の社会は文書社会になっており、藩庁のなかで、何をするにしても、複雑な手続きが必要で、丁寧に書類を作成したりすることに人員をさいていました。その一方で、領民とふれあう郡奉行所や町奉行所の人員はその支配人口の多さに比して、きわめて少なくなっていた。これは、ひょっとすると、我々が持っている役所の組織文化にいまだに悪影響をあたえているかもしれませんね。公務員間の、役所内部の論理で、人員と労力が費やされることが多いのに、受付窓口や現場にはあまり公務員が配置されないという弊害です。

このように、江戸時代の藩は実に少ない人員で領民の行政にあたっていました。それで、どのように治安を維持していたかというと、村の自警力に委ねざるを得ませんでした。実際、江戸時代の藩は3つの治安装置を持っていました。一つは、町奉行所、郡奉行所が持つ同心などの正規の警察力であり、これは小さく数十人規模でした。

もう一つは、隠し目付、密偵です。密偵、目付・横目をおいて、情報提供をさせました。これが非常に強い影響力を持っていた。時代劇の水戸黄門に「風車の弥七」というのが出てきますが、水戸藩には、この弥七のモデルが実在しました。

水戸光圀の時代、「松之草村小八兵衛」という男がいて、藩主・光圀の隠密御用を務めていました。これが弥七のモデルで現在でも墓がちゃんとあり、「桃蹊雑話《とうけいざつわ》」という書物に出てきます。「松之草村小八兵衛といえば盗賊の頭にて、一昼夜に三十里（1日で120キロ）を往復してくる、忍びの術に」熟達していたとあるのです。忍び崩れで最初は泥棒ばかり働いていたが、あるとき捕まった。ところが、水戸光圀が命を助け、生涯、二人月俸をたまわったと記録されています。「二人月俸」は年間で3・5石ぐらいの給付であり、今の感覚で100万円ほどです。

ところが、この小八兵衛の威力は絶大で「我が命のあらん限りはご領内へ盗賊立ち入らせまじ」と言い、果たして、「彼が存生のうちは夜盗の憂いなかりき」というように、治安維持に大きな効果をあげたとされています。このような隠密の利用がなされていました。

また、おなじく水戸藩では、「那珂湊《なかみなと》に喜兵衛という博徒」がいて、小八兵衛のように扶持をあたえて、御用を務めさせていました。手下が500人ぐらいいましたが、この博徒の大親分を手なずけ、治安の補助としていました。わずかな扶持をあたえれば、500人の博徒が治安維持に協力するという仕組みでした。

武士が直接に治安維持にあたることに限界があるため、近世社会では、このような治安維持の手法が、しばしばとられ、また弊害ももたらしました。水戸の目明かしは5人ほど名前が知られていますが、彼らが、城下町の縁日や在来の市に出るのを禁止する法令が出ています。お祭りや市では、それにこと寄せて、みかじめ料をとるなどの弊害も出ていたからです。

結局、江戸時代の治安維持力で、大きかったのは、やはり村の自警力でした。水戸藩は「山横目」という役人を置き、山林を管理させたり、また庄屋には警察力を期待しました。だから、江戸時代の庄屋は、家居に曲者《くせもの》をからめ捕るための捕り物道具をそろえ、刑罰のための手錠まで完備している場合が少なくなかった。また、時代劇でおなじみの「御用」と書かれた御用提灯も、郡部では、庄屋の家に置かれていました。

日本は国際的に最も犯罪の少ない国家

このように、江戸時代は、交番があるわけではありませんから、庄屋の屋敷や、宿場であれば、問屋場《といやば》とよばれる宿場役所が、地方の警察署の役割を代替していました。長野の飯田で見つかった元禄ごろの「追いはぎ被害者の口述書」を読むと、そのあたりの事情が明らかです。この被害者は夜中に同行をもとめてきた通行人にいきなり、頭をなぐられ、追いはぎ被害にあいましたが、駆け込んだところは、宿場町の問屋場でした。問屋場には、宿場役人がおり、夜中に物音で「戸を開け申しそうらえば、手負いにて縛られ申しそうろう」と、被害者が後ろ手に縛られ、怪我をしていた。被害者は脇差を持って移動していたが、被害にあっていたそうです。ここで興味深いのは、はじめの供述書をとったのも、武士ではなく、問屋場の役人たちであるという点です。江戸時代には、このような村役人・宿場役人が、治安の現場にいたといってよいでしょう。

このような近世日本の治安状況を外国人は、どのようにみていたのでしょうか。1775年に来日したオランダの医官・スウェーデン人のツュンベリーが日本を見聞して書いています。ツュンベリーは、長崎のオランダ商館長のフェイトに同行して、江戸に参府した。その道すがら、日本人の行動をよく観察していますが、その中に日本人の法と警察についての著述があります。「日本の法律は厳しいものである。警察がそれに見合った厳重な警戒をしており、秩序や習慣も十分に守られている。その結果は大いに注目すべきであり、重要なことである。なぜなら日本ほど放埒《ほうらつ》なことが少ない国は他にほとんどないからである」。

つまりもう1775年ごろの段階で、国際的に見ても最も犯罪の少ない国家になっていたということが、これでだいたいわかります。注目すべきは、ツュンベリーが、なぜ日本に犯罪が少なく秩序が守られているかについて、こう述べている点です。日本人は「まず国民が幼時から、何をしていいか何をしてはいけないかと、確かな知識を身に付けている」。だから、法律がよく守られている。何が悪いかということが、親から子へきちんと伝わっている。これが、日本の治安がよい秘訣だといっています。

これは、興味深い指摘です。実は、日本中の村々には、法律を周知徹底させるための情報インフラが備えてありました。それが「高札場」で、村々には、かならずこれがあって、「公儀法度を守り……」と、領主の法が伝達されるようになっていました。また、領主の法などのお触れは、庄屋を通じて口頭でも伝えられ、個々の家々では、家主が家内の者たちに伝えて確実に守らせるのが義務になっていました。この上意下達の構造が日本ではとくにしっかりしていて、それがヨーロッパ人の眼には驚きでした。

さらに、江戸時代の治安については、もうひとつ重大な点を指摘しておかねばなりません。それは、刑の厳しさ、ということです。とくに近世前期にその傾向が強く、死刑が多かった。江戸時代、事件が起きて、領主のところに話が持ちこまれ裁判になってしまうと、もうその時点で厳罰、とりわけ死刑になる可能性が高くなりました。領主の法で「成敗」というと、これは多くの場合、死刑を意味しました。それゆえ、江戸時代には「お上」の領主裁判を回避する文化ができあがり、それがこの国の法文化になっていきました。

日本において、訴訟が少ない理由は、さまざまいわれていますが、ひとつにはこの裁判回避の習いが関係しています。領主の裁判は手続きが煩雑なうえ、ひとたび領主の法廷までいけば、両成敗で、訴人も処罰される危険が多分にありました。しかも死刑が多い。領主に訴えれば、死刑・耳そぎ・鼻そぎなどの苛酷《かこく》な身体刑が待っています。

そこで庄屋などが間にはいり、「内済」といって、当事者間で調整し示談で済ませる訴訟文化が発達しました。つまり、村では独自に罰金刑を主とした村掟をさだめ、それで問題を解決しようとしたのです。罰金刑ということでいえば、武士は金銭を賤しいと考えたため、罰金刑の設定に消極的で、外国人は、江戸時代に日本は領主の刑罰に罰金刑がないことに驚いています。

それはともかく、このような村における内済や村掟の発達は、領主にとっては好都合でした。領主は少ない人数で、領民を治めていたので、訴訟を持ちこんでもらってはこまるのです。「お手数をかける」という言葉にみられるように、小さな盗みぐらいで領主に「手数をかけるのは恐れ多い」という思想が、この国では発達し、そもそも公の裁判・訴訟になることを、不名誉と考える文化に育ちました。アメリカのような訴訟社会にならなかった理由もやはり江戸時代にあります。

「人を殺さない日本人」はなぜ生まれたか

近世前期の領主裁判の厳しさは、すさまじいものです。17世紀は、まさに流血の世紀であり、領主は領民をすぐに死刑にしました。『水戸市史』で水戸城下の例をみると、当時、水戸の町人地は1万人前後ですが、死刑執行数は信じられないほど多いのです。1646年から1666年までの21年間に、牢獄に入れた638人のうち、釈放が476人あり、獄死などを入れても、21年間で1000人を捕縛しています。ただ驚くべきは捕縛したうち10分の1を死罪にしていることです。斬罪64人、磔刑《たっけい》35人、火あぶり5人、全部で104人が死刑にされています。わずか1万人前後の町で、毎年5人が死刑にされた計算になります。あるいは、これは水戸城下だけではなくて、水戸藩全領民を分母としているかもしれませんが、とにかく、すさまじい死刑の多さでした。犯罪を抑止しているというよりも、ここまでいけば藩国家による大量殺戮《さつりく》です。この時代には、わずかな盗みでも死をもってあがなわせ、犯罪者を死刑によって根絶やしにするという恐ろしい思想さえありました。江戸時代の治安の良さは、17世紀のこの血みどろの粛正のあとに、やってきました。つまり、この国は、17世紀に、累々たる屍《しかばね》の山を築きながら、中世の自力の世界を脱したのです。事実、この時代以降、日本人の気質には変化がみられました。

この点については、江戸時代も後期になって日本にやってきた、長崎オランダ商館のフィッセルが1820年に指摘しています。フィッセルは「日本人が罪を犯すことはほとんどない」と驚嘆し、その理由を考察しました。「日本人が貧しくないからというよりは、むしろ政府の警戒が厳重なためなのだろうか、果たして何故なのか、私には分からない」と書いている。そして、日本の裁判が「ヨーロッパのように正規の順序を踏まない。要するに裁判所まで行かない」ことにも、驚いている。内済という日本の法文化は、ヨーロッパ人の眼には「正規の順序を踏まない」と、うつったのでしょう。彼は日本に犯罪が少ない理由として「町の警察が大いにそのことに貢献している。これは正規の警察力というよりは、町の町年寄だとか村の庄屋さんとかが、村落共同体を持って大変細かく管理している」と指摘しています。「警察のことはおとな、その他の町役人の手下たちのほか、所帯の長に対しても委ねられている」。つまり、町の組織が犯罪を抑止しているというのです。ヨーロッパでは、個人の家屋は不可侵のものですが、日本には、五人組制度があって、「隣を監視して、ちょっとしたことでもその家の中まで立ち入る権利を持っている。五人組頭は何かあったらすぐに家の中まで入ってくる」から、犯罪が難しいともいっていています。さらに、この隣組の組織はよくできていて、どこかで犯罪があったら、「瞬時にして全人民を救援のため召集することができ」ることに、眼をみはっている。このような地域共同体が犯罪抑止に機能していたことが、江戸時代の治安を良くしていきました。

さて、このような江戸の治安は明治時代になって、どのようになるのでしょうか。明治16（1883）年の茨城県の統計をみたいと思います。明治初期の警察力はさほど大きなものではありません。現在の茨城県警の人員は5000人ほどですが、明治16年の茨城県警は職員などもいれて572人しかいなかった。とても小さな警察力でした。

この当時の茨城県の人口は92万人、現在は300万人です。今日の茨城県警の管轄人口は、警察官1人あたり650人です。明治16年は1600人であり、職員をのぞいた巡査など純然たる警察官1人の管轄人口は2000人ほどにもなりました。しかも、明治初年の警察は刑事・警備のみならず、衛生までひろい業務を担っていた。明治の警察は非常に忙しかったといってよいと思います。

ところが、検挙人員数をみると、茨城県警は、明治17年に3182人、明治16年には4058人も検挙している。平成15年の茨城県警の検挙数は5960人（『茨城県の犯罪』）であり、人数でいえば、明治の警察は1人あたりにすれば現在の約8倍もの検挙を行っていました。これは現在のような人権意識のない明治の警察がすさまじい連行を行っていたことの証左でもありました。

明治初年、殺人が、どれぐらいあったのかもみておきましょう。明治17年、「盗賊に殺されし人が九人」でした。今日、交通事故による死者がたえませんが、交通事故が存在しない時代の日本人は、そう簡単には変死しませんでした。明治は意外にも安全な社会だったのです。ちなみに、平成16年の茨城県の殺人の認知件数は43件で、検挙は40件ありました。人口は約3倍にふえていることを考えても、明治の殺人は、今よりも頻度が少なかった可能性があります。

やはり、江戸時代は、我々の暮らしの安全にとって、大きな遺産を残しており、それが明治時代にも受け継がれたとみるべきでしょう。中世以前の日本人はけっして、このようにおとなしいものではありませんでした。この国には、江戸時代になって、人を殺さない文化が根付きました。このときはじめて、いまにつながる、「人を殺さない日本人」が生まれています。この国の歴史を長い目でみたとき、人を殺さない日本人という、江戸時代に成立した無形文化の維持が、とほうもなく大切に思えてきます。

長州という熱源

「幕府追討はいかがでございますか」

長州藩が、ふつうの藩とちがって、徳川幕府に強い怨念をもっていたことを示す逸話があります。すなわち、長州藩主・毛利家では、毎年、元旦に、殿様のまえに家老がすすみでて、「幕府追討はいかがでございますか」と問う。すると、殿様が「まだ早かろう」と言って、今年は討幕の師を起こさないことを家臣と確認し合う。この掛け合いが、元旦の毛利家の儀式になって続いていた、というものです。

この話をひろめたのは、おそらく司馬遼太郎さんの『王城の護衛者』です。司馬さんは松平容保《かたもり》を主人公にした昭和40（1965）年9月発表のこの小説のなかで、この逸話を次のように紹介しました。

「長州藩には古来、秘儀《ひぎ》がある（中略）毎年、元旦の未明、藩主と筆頭家老のみが城内の大広間にあらわれ、家老が拝跪《はいき》し、／『徳川討伐の支度がととのいましたが、いかが仕《つかまつ》りましょうや』／と、言上するのである。／『時期はまだ早い』／藩主は型どおりにそういう。これが関ケ原戦後、徳川三百年のあいだずっとつづけてきた秘密儀式だというのである」

この国の歴史通のあいだでは、なんとなく「通説」になっている感があります。小説というのは、出典があいまいな点で、やっかいなものです。まこと、このような「倒幕の儀式」が存在したのか気にかかるところです。

歴史研究者はこの儀式の存在に懐疑的です。「萩城内での元旦の酒宴はともかく、徳川討伐を主張する掛け合いの儀式は史料上からは確認できない」（萩市郷土博物館長・中国新聞1997年4月23日付）とされています。大学の近世史研究者の数人に尋ねてみたことがありますが、やはり同じような答えで、「あれは本当かね」と首をかしげるばかりでした。

しかし、私は、この長州藩の「討幕の儀式」は、少なくとも1650年ごろまでは現実に行われていた可能性が否定できない、とみています。戦前、貴族院書記官をされていた、山本秋広という方がおられます。すでに故人ですが、この方が、昭和33（1958）年3月に出された随筆のなかに、この長州藩の儀式について、きわめて具体的に書いていて、話の出所についての言及があります。

「慶安四年に藩主の秀就《ひでなり》侯に殉死した梨羽頼母《なしはたのも》という家臣の書き残したものによれば、正月元旦の夜の引き明けに、城中正寝《せいしん》に於て梨羽と直目付《じきめつけ》が立ち合いの上にて君公に対して『幕府追討はいかがでございまするか』と伺候すれば『まだ早かろう』という藩主の言葉を確認するのが、元旦における毛利家の一つの儀式であったといい、毛利家の一族は常に江戸城に足を向けて寝床を布かせるのが長年の家憲だったとのこと」

梨羽頼母というのは、梨羽頼母就云《なりとも》のことです。江戸時代初期の藩主・毛利秀就に仕え、慶安4(1651)年正月9日に38歳で殉死しています。役職は「当役」でしたから、他藩でいえば家老です。この家老と直目付が、正月元日の夜明けに、藩主の毛利秀就の寝所に伺候して、くだんの掛け合いの儀式をしていた。そのように、梨羽が書きのこしていたというものです。梨羽就云が書きのこしたという文書は捜索中です。それを実見しなければ、なんとも申せませんが、長州藩の「討幕の儀式」はまったく荒唐無稽の作り話ではないと思います。

しかし、気をつけなければならないのは、司馬さんの言うように幕末まで「徳川三百年のあいだ」このような儀式が行われていたかどうかはわからないということです。藩主秀就は関ヶ原合戦のとき、すでに6歳です。関ヶ原合戦から、さほどたっていない時期、中国地方9ヶ国から防長2ヶ国に押し込められて、財政難にあえいでいたころの、長州藩の反徳川の空気を示す史料といったほうが、よいでしょう。しかし、このような反徳川の空気、怨念の感情を、長州藩が藩政初期にもっていたことは、重要です。徳川幕府へのここまでの感情は、やはり長州藩の特徴といえます。

長州藩のGDPを計算する

さきほど、防長2ヶ国に押し込められたことによる財政難の話が出ましたが、この財政難を、なんとかして解決するということが、長州藩の藩風をかたちづくっていくことになります。

まずは、長州藩そのものの経済構造、そして、なぜ長州藩から明治以後の動きであるとか、これだけ多くの官僚が出てきたのか。それを論じることにしましょう。

現在の山口県の人口は150万人、傾向としては減りつつあります。幕末の山口県域では、長州本藩が46万7000人、岩国・長府・徳山・清末《きよすえ》を合わせて23万5000人、合計で70万人です。幕末天保、1840年ごろの人口は70万人で、現在は2倍強になっています。日本全国の人口の伸びと比べると、これは決して多いとはいえません。天保のころの日本人の数は3500万人でした。現在は1億2000万人くらいですから、3・5倍くらいになっています。山口県が2倍なのは、大都市圏にかつてないほどの人口集中が起こったためで、その分がなくなっているからです。農業社会では、穀物の取れ高に従って人口が分布しています。江戸時代の人口が最大だったのは、越後の国で、約160万人です。現在は240万人ですから2倍にもなっていない。人間は付加価値生産、つまりGDPが伸びていくほうに、素直に、人口分布していくわけです。

驚くべきことに、長州藩のGDPのデータというものがあります。もちろん、GDPを推計できるデータということですが、長州藩だけにはあるのです。明治維新のころには全国に280ほどの藩があり、現存する藩の史料を訪問調査してきましたが、いまのところ、長州藩以外に、このようなデータはみつかっておりません。そんな精密なデータがあること自体、長州の異常さを表しています。長州藩でGDPが出せるのは「防長風土注進案」という、産物調査、人口調査、租税調査の徹底した資料を天保の改革のときにつくったからです。

現在であれば、「○○調査」とか、当時でも「○○改め」とつけるところですが、長州の人は詩才があります。「注進案」という中世の詞《ことば》をのこした不思議な響きの名前をつけたものです。

長州の侍には学問があります。すでに戦国時代からのことでした。長州は大陸が近く、中世以前から、漢学がさかんなところでした。朝鮮半島や中国から、直輸入で、漢籍が運ばれてきます。日本のなかでも畿内や博多などとならんで、もっとも書物が豊富なところでした。このことが「長州人の学問好き」「長州人の理屈っぽさ」の素地をつくっていきます。戦国時代に毛利家に仕えた玉木吉保という小身の武士が、『身自鏡《みのかがみ》』という自叙伝を元和3（1617）年に書いて、自分のうけた教育について語ったりしています。ふつうの戦国武士がこんな記録を残すのは、めずらしいものです。

長州藩は、このような藩でしたから優秀な官僚をうむのは造作もないことでした。長州の官僚というのは、明治維新になって、大蔵省に財政官僚、陸軍省に軍事官僚を輩出したことで、よくしられていますが、文書主義による記録魔の官僚的性格はすでに中世にその準備運動がなされていて、江戸時代には、もう長州藩のなかではじまっていました。

その最たるものが、「防長風土注進案」でした。

この調査では、庄屋に命じて村単位で、牛の頭数、家の数、農具代、投入した労力・飯米の量等を調べています。つまり、投入産出分析を行ったのです。ふつうは産出したものだけを調査しますが、それはどこの藩でもできます。ところが、長州藩は、産出を得るためにどのくらいの費用をかけたかというところまで調査をしているのです。これは、現代の経済学分析のような発想ですね。この方法で調査を行った初めての藩であると同時に、以後他の藩で行われたという記録もありませんから、長州藩でのみ「江戸時代のGDP」が復元可能なのです。慶應大学の経済学者・経済史家、西川俊作さんたちが、この「防長風土注進案」からGDPを算出するという画期的な成果をあげました。

その結果をみますと、農業出来高が石高に換算して80万石、非農業出来高が72・5万石です。この非農業出来高の数字がありがたい。たとえば、塩をつくった、材木をつくった、酒をつくった、醤油をつくった、味噌をつくって稼いだ、いわゆるサービス産業まで含まれています。これをみると、江戸時代の農業社会ぶりがわかります。経済の全体規模GDPが152・5万石で、その半分以上が農業生産です。ちなみに、最近の山口県のGDPは約6兆円です。そのうち農業部門では600億円ですから、わずか1%です。

ここで注目すべき点は、ここからどうやって税金を取るかという問題です。江戸時代の幕府や藩という社会は一つ、近代になるための大きな欠陥を持っていました。それは、農業部門からの税金が税収のほとんどを占めていたということでした。なかんずく本作の米・麦からしか取れない。なぜかというと、幕府や藩は封建領主ですから、地主なのです。つまり自分の領地から取れるお米等に対して地代を取るということで、そこにいる人が縄をなって金を稼いだり、駕籠《かご》を担いで料金をもらっても、営業税を課税するということは、もともとやっていいのかどうなのかわからない。そのぐらいの発想から出発しています。これが近代国家と違う点です。幕府が簡単に滅んだ理由はそこなのです。

1年に一度しか取れない米や麦などの純農業生産は、耕地がふえないかぎり、それほど成長するものではありません。しかし、農業以外の、工業的、商業的なものは、成長余地が大きい。実際、江戸時代の終わりごろには、農業以外の生産は瞬く間に経済規模が拡大しました。先ほどの「防長風土注進案」では非農業出来高が72・5万石で半分以下でしたが、京都や大坂のような先進的な地域では、農業生産を超える非農業産業が発達していたと考えられます。そうすると、米で税金を取っている武士の相対的な力は弱くなっていきます。長州藩も農業部門から4割くらいの租税を取っています。これが江戸時代の農民のつらいところです。つまり、米をつくって1万円稼ぐと4000円取られます。ところが、材木でも伐りだして、1万円稼いだとしますと、150円ほどしか税金は取らないという税制でした。同じ1万円を稼いでも、4000円取られるのと150円取られるのでは大きな違いで、ここが江戸時代の農民は大変だけれども、商人は楽だった、というからくりなのです。

こんな「不公平税制」を数百年やっていれば、商業が発達します。江戸時代の日本は、農業、なかんずく、米作を中心にすえた社会制度にみえます。しかし、米から重税を取り続けていました。数百年、人々を商業活動に誘導するような税制をとり続けていたともいえます。江戸時代が終わったとき、農業社会というよりも、商業や軽工業がかなり発達した社会になっていたのは、当然のことでした。

米だけで税金を取っていては、武士の相対的な力は弱くなっていきますから、農業以外の生産をいち早く把握して、その経済で何らかの収入を得る体制をつくらなければ、幕末には藩は生きていけなくなります。ところが、ふつうの藩は、自分の領内でどのくらいの非農業の経済規模があるかをつかんでいなかったのです。しかし、長州藩だけは、完璧なまでに、これをつかんでいた。この点が長州の経済官僚のすばらしさです。米に依存しない藩の財政の確立ということに見事に目がいっています。長州藩が他の藩と、きわだって違ったのはここです。

長州藩のリテラシーの高さ

このようなことがどうして長州で可能だったかというと、やはり、さきほど述べたような長州人の学問好き、防長地域の「識字文化」を考えざるを得ません。

このような調査は薩摩では難しかったと思います。薩摩と長州の違いを考えてみると、天保のころの長州は、藩官僚の手腕の高さも、もちろんでしたが、農民・町人もリテラシーの高い人々でした。とくに、下関周辺の瀬戸内海沿岸は高度な農村文化の花開いた豊かな地域でした。

「甲賀忍者の真実」で前述したとおり、識字率を考えると、日本は世界的にも高かったといわれています。歴史家のカルロ・M・チポラの研究などをみると、1850年代のヨーロッパでは、北欧・ドイツでは8〜9割の識字率を達成していたことがわかります。ベルギー・フランス・イギリスなどは、おおむね5割以上が字が読めました。しかし、イタリアでは、そこまでいきませんでしたし、ロシアでは識字率が1割に達するか達しないかぐらいでした。

ヨーロッパでは北西へ行くほど識字率が高くなります。南東に行くほど低くなります。なぜかというと、北欧など北西ヨーロッパはプロテスタントで、自分で聖書を読まなければならないからです。ところが、南のスペイン・イタリアでは、農奴制が強くのこっているうえ、カトリックで教会の権威も強かったのです。おおげさにいえば、教会に聖書が1冊置いてあるだけで、神父様の言うことを聞いていれば、天国にいける。プロテスタントほどには、印刷された聖書を読む必要がなかったといわれています。また、東ヨーロッパのほうへいくと、ギリシャ正教の地域も、同じように教会の権威が強く、農奴制が残存していましたから、識字率は高くありません。

東アジアは、教育熱心なところですが、江戸時代以降、日本の民衆識字率は、中国や朝鮮を追い越して、高い水準になっていたと考えられます。いまのところ、私は、幕末の日本の識字率は全国平均で男6割、女3割程度ではなかったかと考えています。2008年にアメリカの日本教育史研究者ルビンジャーの『日本人のリテラシー――1600―1900年』という研究書が出ましたが、その成果や、これまでの日本の識字研究を総合して考えれば、そのぐらいの識字率であったのではないかと思います。ただ、この場合の、字が読めるとは、自分の地域の村の名前が読み書きできるとか、そういうレベルの話です。私も『江戸の備忘録』で分析しておきましたが、難しい意見書を自分で作文できるような人は、ごく少なかったのです。

日本のなかで、識字率が高いのはどこかというと、京都・滋賀など畿内周辺でした。この地域では、男性で8～9割、女性でも5割前後の識字率でした。一方、明治15（1882）年ごろになっても、鹿児島県では、女性は数％しか字が読めませんでした。鹿児島は男性でも識字率が2〜3割でした。薩摩・長州と、ならび称されますが、その抱えていた藩の民衆の状態には、たいへん差がありました。字が読めない薩摩の民衆、学問好きで理屈っぽい長州の民衆、ずいぶん、違いました。

長州藩の人たちのリテラシー、教育水準を調べるデータとして、明治から昭和16(1941)年まで行われた「壮丁教育調査」という、徴兵検査のときに課された全国統一の試験があります。この結果をみると、山口の成績は非常に高いことがわかります。これを私は分析してみましたが、山口県には他県にない特徴があります。昭和16年調査などは顕著なのですが、山口県は、旧制中学に入学した学歴のある者も、学歴のない者も、成績に大きな違いがないのです。即断はできませんが、家庭教育や地域環境がしっかりしていて、学校教育によらなくても、ある程度の常識問題が解ける庶民であふれていたということかもしれません。江戸時代から戦時中までの山口県の家庭教育は高い水準にあったと思われます。学校に入る前に、計算もできたし、倫理的なことも教えられていた、ということでしょう。庶民教育の高さというかつての日本の美点は、長州において、きわまっていたのかもしれません。

「防長風土注進案」のような、GDPが出せる調査というのは、農民が農具・飯米をどれくらい使ったかを認識して庄屋に答えられないとできないのです。つまり、識字率が高いうえに、ある程度近代化された農民でないと、こういった調査自体が無理なわけです。長州はおそらく、上にはこの調査ができる官僚と、下には調査をうけて答えられる農民の2つが揃っていたのだと思います。ただ最近は、山口県の学力は落ちてきているようです。2007年度、2008年度の全国学力テストでは、47都道府県のうち中学生は15位→23位でまずまずですが、小学生は39位→45位。前年よりも、さがりつつあるのが、懸念されています。幕末から戦時中まで、トップレベルであったのですから、いまの山口のほうが、私には不思議です。

いまの山口の人は、戦前の、いや江戸時代、中世の、山口県域の人々がそれほど教育熱心であったという自覚はないと思います。しかし、山口は日本のなかでも、教育水準の高いところとしてしられていました。庶民の識字率が高いということが、長州の一つの特徴でした。

これは、奇兵隊をつくったり、その軍事力で高杉晋作や伊藤博文たちが決起したりして萩の藩政府を倒した、ボトムアップの長州藩の歴史の流れと無関係ではありません。なぜかというと、このような下から上への動きは日本ではほとんどありませんでした。しかし、長州ではその下から上への動きが起きています。奇兵隊など諸隊は、足軽や陪臣や農民が参加した軍隊でした。諸隊に参加しない者も、長州では「防長士民」、あるいは「皇国の民」というある種の国家意識をもっていました。文字概念が浸透しない段階では、庶民には村や主人は理解できても、抽象的なものである国家は理解できません。庶民は、毛利の殿様という「君主」は一度もみたことがないはずですし、「防長」も抽象的な国家概念にすぎません。しかし、長州の地は、文字文化の古いところです。長州の庶民は、長州藩が幕府の大軍に包囲され、征伐をうけることになると、防長＝国家をまさに実体があるものとして理解しました。命をかけて、防長＝国家のために戦う者が出てきます。これは、庶民が文字によって教え込まれた抽象概念で行動するようになっていないと起きないことです。日本では、長州戦争のなかで、長州に、はじめての小さな国民国家が生まれたのでしょう。

一方、上から下へ命じられてやるという変革のしかたはよくあります。薩摩などはそうでしょう。薩摩藩は、長州と比べるとまったく対照的な藩です。農村には全然文字が読めない人たちがいる。ところが鹿児島城のなかにはすばらしい文化がある。なんと島津斉彬はオランダ語のアルファベットを書いている。その横にはワインが置いてある。そして、「反射炉を早くつくれ、ガラス工芸は進んでいるか、火薬や鉄砲の工場はやっているか」と、ほとんどヨーロッパと同じようなことを命令している。政権の軸になる部分がものすごく突出していて、周りの人間はその指示をうけているわけです。こういう国は上からの統制による近代化に向かいやすいものです。しかし、薩摩の人が無知かというと、絶対に、そうではありません。文字にたよらない社会であるというだけで、合理的かつ現実的な判断力であるとか、独特な賢さがあります。しかし、長州藩で行っていたような、GDP調査をやるのは、おそらく難しい社会だったでしょう。

独特な御前会議と士官学校の設立

当時の長州藩の財政についてみていきましょう。長州藩の財政収支については、たくさんの研究書があつかっていますが、専門的なものが多いので、一般の方には、林三雄

『長州藩の経営管理』が読みやすいと思います。天保11（1840）年の財政収支がまとめてあります。

1年間の総収入は33万石でした。農業生産からは32万石、雑税が1万石です。支出は、藩士の俸禄に15万石、藩主の江戸の滞在費等の経費が14万石でした。さらに村田清風が「8万貫の大敵」と呼ぶ、巨大な借金がありました。8万貫は100万石です。そういった借金の利払いが13万石です。この借金は踏み倒したともいわれますが、完全になくなったわけではありません。利子はちゃんと発生していました。したがって総支出は42万石ちかくなり、毎年8万石ほどが不足していました。しかし、これは当時の藩のなかでは割と健全なほうだと思います。この13万石の利払いがなくなれば、5万石の黒字に転換します。それで長州藩は天保改革のときにうまく借金を凍結しました。しかし、借金を凍結したからといって黒字になる藩はそう多くはありません。長州藩の財政状態は厳しく言われすぎるように思いますが、実際には、そうでもありませんでした。もっとひどい財政状態の藩もいくらもありました。長州藩は、領国の経済条件に恵まれていました。農業は面積あたりの穀物収穫量が多く、二毛作化や商品作物栽培がすすんでいました。農業以外の産物生産や商業もある程度は盛んでした。表高は36万石でも、GDPは152・5万石の実力があるわけです。

しかし、長州藩の武士の経済状態はよくありませんでした。国富はあるけれども、武士に富はない。国民経済は大きくなっているが、武士家計は小さくなっている。そのような状態でした。

江戸時代はじめの1700年ごろまでは、武士はまだ豊かでした。たとえば、知行100石取の武士の場合、1700年ごろまでは、4公6民で、40石（＝40両、いまの感覚でいえば1200万円ほど）の収入がありました。当時は人件費が安く、1人1年1・5両で雇えましたので4人の召使を雇っても6両にしかならず、だいぶ裕福な生活ができたのです。

ところが、近世中期になると、戦争もないし、藩財政が大変ということで、藩は藩士に俸禄収入の半分＝20石を差し出させることになります。ここで藩主の言うことを聞いてしまうところが、日本の武士の特徴です。藩主の権力が非常に強い。藩主＝藩権力が半分出せと言うと、すんなり、俸禄の半分を差し出して、給与カットに応じてしまう。

給与を5割カットされると、100石取の武士の収入は40石から20石になってしまいます。ですから、今風にいえば、収入は1200万円から600万円に減ることになりました。そこへきて、江戸時代の後半になると、武士は借金を抱えます。たいてい年収の2倍もの借金です。しかも金利が高い。年利20%ちかい。600万円の収入の武士が1200万円の借金を抱え、年に利払いだけで240万円かかるわけです。手元に残るのは360万円ということになります。

そういう悲惨なことになっていました。つまり、江戸時代のおわりには、武士の経済の決定的崩壊が起きていたのです。

この状態でも、天下泰平で戦争が起きなければ、武士社会は大丈夫です。しかし、困るのは、有事となったときのことで、武士が戦争へ行け、と言われたら、この社会システムは崩壊します。武士はこの俸禄、自分の領地からの収入でもって、兵士を連れて軍役を務めて戦場に人間を並べなければいけない。たとえば「ペリーが来た。さあ出陣しろ」と言われると、もう武士の家には360万円しかないのですから、草履取りや槍持や馬を連れて行く兵士を雇って出陣するお金は、もう、どこにもないわけです。

ここに至って武士ははたと気づきました。もうだめだ、別の軍事体制にしないといけない。武士が個々別々に自弁で兵士や武器を調達して、下から集まって軍団を編制して出陣していく戦国型の軍団ではもうだめだという新しい意識が芽生えてきます。

このような新しい意識は、どこで生まれるかというと、海に囲まれた藩ほど芽生えやすい。長州藩、薩摩藩などがそうです。長州は下関海峡を頻繁に船が通ります。外国船なんかも通ります。また、水戸藩もそうです。外国船が来航しても、自分たち武士は困窮していて、出陣できる経済的余裕がない。これを自覚しているわけです。

しかし、内陸にある藩は、この危機になかなか、気がつかない。会津藩は盆地で、対外的な危機に気づかないから、いまそこを通っている外国の帆船から人が上陸してきたり、大砲を撃たれたりする危機感を、肌で感じていない。しかし、海辺の藩はちがいます。こんな状態だし、日本を守るためには我々自身が変わらないといけないという意識を強くもちはじめる。

ここで、西洋式兵制への理解が出てくる。三方を海に囲まれた長州藩はこの理解が早かったのです。いくつかの原因があるのですが、最近の研究者は長州藩の「御前会議」

に着目しています。たとえば、田中彰「幕末における御前会議と『有司』」、上田純子「萩藩文久改革期の政治組織――政事堂の創設と両職制の改編」という好論文が出ております。

私は、長州藩が他の藩と違う点は大きく二つあると思っています。一つは御前会議です。もう一つは、西洋式の軍事技術の徹底した導入をすばやく行っている。とりわけ、士官学校の導入が早い。指揮官の養成システムがすばやく西洋式に変わっている。また、兵器である新式小銃、火砲の導入への理解と意欲が強く、はじめたら、あっという間に、西洋なみの軍隊をつくりあげている。こうした点がやはり、ふつうの藩ではないのです。

まず御前会議ですが、殿様は、ふつう、藩政の会議自体に出ないものでした。歴史小説などでは、長州の最後の殿様、毛利敬親《たかちか》が「そうせい公」と呼ばれ、「そうせい、そうせい」と頷いていて、何もしなかったようにいわれていますが、そうではありません。それは通俗的理解です。頷くだけで、現実には、すごい機能を果たしたのです。第一、ふつうの藩では、藩主はその会議の席にいないのがあたりまえです。長州藩主は会議の席に出ていたから「そうせい公」と呼ばれ得たのであって、これを誰も指摘しないのが不思議です。

江戸時代の藩における意思決定が、どのようになされたのか。やや一般的な話をしましょう。たとえば、水戸藩の藤田東湖は、こう書いています。「私が10年間政府にいたときに、殿様の御前に役人が全員居並んで評議をしたことが何度もあります。これほど言論の開けた藩はわが藩しかないと思う」（「常陸帯」）。殿様の御前に、家老以下の役人がならんで会議をするのは、あたりまえではないか、と思われるかもしれません。しかし、これは幕末の風景としては、きわめて特異なことでした。水戸藩や長州藩など「異常な藩」でのみ、御前会議というものが、しばしば、ひらかれていました。

実は、ほとんどの藩では、藩主が直接、家老の前に出てきて、意思決定の会議の、いわば議長席に座っているということはなかったのです。今日、閣議をやるのは、総理大臣だけで、天皇陛下が閣議に臨席しないのと同じです。よほど大切な事柄、藩の運命をきめてしまうようなことがなければ、藩主の臨席した「御前会議」というものは、ひらかれないものでした。この伝統は、明治国家に受け継がれていきます。第二次大戦前までの大日本帝国において、天皇が臨席した御前会議というのは、乾坤一擲《けんこんいってき》、戦争をはじめるとか、止めるとか、そういう国家の重大時でなければ、ひらかれないものでした。大正天皇のように、在位期間に御前会議が一度もひらかれなかった天皇もいます。つまり、日本の国家的意思決定の伝統では、天皇や藩主は、平時には、棚上げされた存在でした。会社でいえば、名誉会長のような地位かもしれません。原則として、取締役会の合議に臨むようなことはありませんでした。

実際に、藩の意思決定を行っていたのは、家老と有司とよばれる役人たちでした。

つまり、藩における政務や意思決定の中心は、家老が主宰する合議体にあったのです。どこの藩にも、家老の御用部屋というのがありました。御用部屋はたいてい藩主の部屋から30~50メートル離れた場所にあり、密室でした。鳥取藩の場合、土蔵のような櫓《やぐら》のなかに家老たち10人がL字形に並んで会議をしていました。会議がはじまると、漆喰《しっくい》で塗り固められた密室の扉が全部閉まる。書記役だけがいて、藩主にどのように伝えるかというと、側用人の一人が、その会議の成り行きを後で報告するために、報告役としてそこへ座っているだけです。いよいよ議論が行き詰まって、これはもうだめだということになると、側用人が藩主の部屋に意見を聞きに行くことはありました。「藩主はこうしてくださいという意思です」と言うと、藩主の発言は重いので意見がまとまる。こういう決め方なのです。

ところが、これは幕末の長州藩の一つの特徴なのですが、藩主がその場にいてさっさと決めるのです。「浦日記」という、長州の家老浦靱負《ゆきえ》の日記が残っております。山口県文書館にあります。よほど几帳面な家老だったようで、詳細に、藩の会議の様子を記録しています。「浦日記」を写真撮影してきて読むと、これが興味深い。

文久2（1862）年7月に京都の河原町の藩邸で行われた会議などは、座席順まで書いてあります。上段の間の真ん中にどっかりと藩主が座り、藩主の左手と右手に家老が列座します。会議中、藩主は基本的に、言葉を発しません。この日本型の御前会議は奇妙なものです。あくまで仮想の内容ですが、会議の様子を説明してみます。

最初に、月番の家老が「みなさん、今日は攘夷の決行についてどのようにするか、評議してください」などと言うのです。そうすると、次の間という一段低い部屋の末席に座っている官僚たちの間で、議論がはじまります。ここで何時間も議論が続き、様々な意見が飛び交います。大声で怒鳴り合ったり、泣く者まで出てきます。その間、上の段にいる藩主と家老たちは無言です。一切しゃべりません。当時の貴人は、忍耐強いものです。ひたすらその議論を、3時間でも4時間でも聞き続けます。

下座、末席の者たちがはげしく議論して、彼らがいよいよ疲労してくると、月番の家老が「だいたいみなさんの意見も出ましたかな」などと言って、意見をまとめはじめます。議論の統裁がはじまるわけです。「こちらはこうで、あちらはこうです。みなさんの意見を聞く限り、こちらの意見が強いようですが…」くらいからはじまるのです。そうすると、家老たちが下の者たちの空気を読んで、どちらが多数派であるかなどと考えながら、まとめはじめます。それで最後に、「ではみなさん、多数はこちらのようですから、この場の結論としては攘夷は決行することにいたします。非常に厳しい戦いになるでしょうが、やることにしましょう」などと言います。そして、次の瞬間が重要です。そこで、藩主毛利敬親公の声が飛ぶわけです。「そうせい！」と。これが議決のハンマーと同じ機能を果たすのです。藩主の鶴の一声が出た瞬間、合議の一同は、反対派も賛成派も一斉に平伏して、決定に服します。この鶴の一声が出たとき、平伏するのは、どこでも同じです。孝明天皇の御所のなかの御前会議でも、そうでした。最後に、天皇が決定すると、全員、平伏です。

他の藩では、こうはいきません。下の者たちが何時間も議論をして、家老たちは頷くかまとめるということは異例でなかなか決まりません。決まっても、あれは家老が決めたのだから、といって、実行されにくかったりします。

しかし、長州藩は、そうではありませんでした。藩の意思がしっかり決まります。藩主の御前に下級武士たちのうちもっとも優秀な者たちを抜き出してきて、彼らが実質的に決めて、最後に「そうせい」ということでハンマーが打たれ、誰もが言うことを聞くという意思決定がなされていました。これが長州藩の意思決定の特徴で、これは藩主の権威付けのもと、断固たる決定ができたといわれております。決まってしまえば、藩主の権威で、みなが服しますから、決定から実行までのスピードが速いのです。これはのちに政事堂というものになっていきます。明治維新になって、各藩がこれをまねしはじめて、日本中に、政事堂ができます。藩主の私的な居住空間から独立して、議事堂のようなものが、公共空間にできる、と指摘されています。議事堂といっても、現代よりずっと少ない人数で議論するところですが、そこへやってきて議論をします。

もう一つ、長州藩が先駆的な点がありました。ふつうの藩であれば、いくら武士が困窮しても、西洋式の兵制には移行できない。なぜかというと、武士が馬から降りて銃を担いで行進すると、足軽と一緒になる。昔から、武士は槍で戦うものでした。銃をとって行進させるなんてことをふつうの藩でやろうとしたら、武士は怒って取っ組み合いのけんかになりかねません。実際に、藩主の前で殴り合いになった例を、津山藩の史料で読んだことがあります。しかし、長州藩の場合、御前会議で決定して、藩主が「そうせい」と言うと、それをやらざるを得ない。長州藩が、西洋式軍隊を早急に創設できたのは、意思決定機構がしっかりできていたためではないか、といわれています。

長州藩で、もう一つ早くできたものが、兵学寮という全寮制士官学校です。誰が軍の指揮を執るかというと、ふつうの藩では門閥家老です。家柄が決める。しかし、長州藩の場合は、別な制度ができました。大村益次郎の創設した全寮制の兵学校に閉じ込められ、士官教育を受けた人に指揮を執らせました。この士官学校はオランダの王命兵学校の規則をそのまま翻訳して大村がつくったわけですから、西洋そのものなのです。政事堂と兵学寮があるのは近代国家といっていい。国会議事堂をもっていて、一方で藩の役人を藩立学校で養成するというわけですから、門閥世襲制とは違う原理を武士たちに受け入れさせることがいち早くできます。この方向の改革を日本で最初にやろうとしたのは、水戸藩の改革でしたが、水戸藩ではこれが成功せずに崩壊していきます。

国を想うがゆえの危うさ

唐突かもしれませんが、こういう改革をなしとげる長州人には、才人が多い。才人というのは、非常に才能をもった人ということです。非常に器用で賢い。ただ、長州藩は才人は多いのですが、識人は少ないように思います。識人とは見識のある人、判断力のある人ですね。これが少ない。だが、たまにいる。高杉晋作や木戸孝允《たかよし》・大村益次郎には、この「識」が宿っていました。しかし、他の人にあったかというとなかなか難しい。

もともと長州は、秀才はいても、自由な発想をする天才が頭を出しにくい。原因の一つには、道徳や倫理をふりまわすところがあります。文科系の倫理主義、教条主義、政治スローガンや感情に流される面があります。当初、長州藩士はテクニカルな面に弱いものがありました。これは最後の局面になって、大村益次郎が出て、補いました。大村を得るまでは、長州藩は、なかなか、うまくいかなかったのです。

大村という技術者と、木戸・高杉という判断力をもった人が出てきて、ようやく、長州藩は軌道にのったといっていい。その前の、素朴な攘夷をやっていたころは、倫理と大義名分をふりまわしました。いまはうまくいかなくても、たとえおれたちは滅んでも、「天下後世」に名分と影響をのこせば、いいじゃないか。そういう思想が、吉田松陰などには色濃くありました。天下後世を思う。いま功業をなすことよりも、後世を思う。そういうある種の原理主義です。

久坂玄瑞が、この吉田松陰段階にあったころの、長州の指導者でした。彼が引き起こしたのが、元治元（1864）年の蛤御門の変です。この蛤御門の変は、現実的な軍事的分析をすると、ひどい戦いです。京都に押し寄せて行って、そのまま襲えばひょっとしたら、御所を確保、松平容保を捕獲できた可能性も無ではない。しかし、長州は京都に着くと20日ほども京都郊外に陣取って、もたもたします。

その間に十分に薩摩と会津は、万全の御所防衛の用意をして、長州藩をまちかまえました。そこに突入して、打ち払われてしまったのです。こういうのをみても、文久までの長州藩は空想家的でした。蛤御門の変の出陣に関しては、長州藩内にも異論があったのに、長州人は「これは成功するかどうかで判断するものじゃない」と言ってしまうのです。蛤御門の変のときに、来島又兵衛が詠《よ》んだ和歌というのがあります。

「議論より　実《じつ》をおこなへ　なまけ武士　国の大事を余所に見るばか」

「議論より実をおこなへなまけ武士」と言われたら、長州人は「行くぞ！」となってしまうわけです。「国の大事」だから成否は度外に視《み》る。とにもかくにも、突進する。これは、もう判断でもなんでもない。勢いです。のちに、昭和陸軍にみられたような、国を想うがゆえの危うさが、幕末の長州にはすでにありました。

しかし、この勢いが、危うさを内包したこの勢いが、日本を変える力になったというのも、実際のところだろうと思います。歴史は、冷静な判断や緻密な作戦だけで、つくられるものではありません。人生がしばしばそうであるように、偶然の行きがかり、勢いとしかいいようのない、どうにも説明のつかない熱情が、歴史を動かすことは少なくありません。

長州は、ある種の「すさまじさ」をもっています。どうも不思議なエネルギー、どうにも説明のつかない熱情行動が、この土地からわきあがってきて、この国を、どこかへ連れていこうとしてきました。ひょっとすると、長州は、この国の「熱源」なのかもしれません。私のような歴史を学ぶものにとっては、なんとも興味のつきないところです。

幕末薩摩の「郷中《ごじゅう》教育」に学ぶ

危機に備えのない現代日本

あの大地震と原発事故が起きる3か月前、私はひとつの講演をしました。「幕末維新の人材育成」と題して、幕末維新を担った人物が、どのように育てられたのかを語り、混迷する現代日本にヒントを与えてくれといわれてひきうけた講演でした。西郷隆盛や会津藩士の育てられ方をひとしきり語ったと記憶しておりますが、何をしゃべったか、すっかり忘れていました。ただ、この国について、ぼんやり不安に思っていること、とくに、起きそうな危機的事態について、なんら備えがないことについて、ぽつぽつ話した記憶がありました。

改めて講演録を読み返して、私は不可思議な感にとらわれました。この講演中、私は、質問にこたえて、まるであの事故を予言するかのように、こんなことを語っていたからです。

「(日本人は) 地震が起きてもパニックになりません。前もって手配りしておけば、ちゃんと対応できます。先生が生徒をおいて逃げたりしません。しかし、地震が起きたときに、この机が倒れる、というような、前もっての想定や心づもりがありません。大震災が20年に一度起きると、わかっていても言わない。私の勤める茨城大学にしても、そうです。原発のすぐ横にあるから、赴任して、最初に同僚にこう聞きました。『原発がドーンといったとき、ここまで10キロ余りしかないが、どういうふうに学生を逃がしたらよいか』。その答えは『学校では、そういうことは考えてないと思う』というものでした。私は、授業のはじめに学生たちにこう言っております。『原発事故が起きた可能性があるだけで、私の講義は自動休講になります。勝手に休んでください。学校の規則は関係ありません』。そうしたら、『先生は変わっている』と言われました。しかし、自分では変わってない、と思うのです。起きるかもしれないことは、やっぱり最初に言っておく。これが大切だと思うんです」

たしかに、大地震が起きて、原発が事故になることは、私にとって日常的危惧の一つでした。中越沖地震時の柏崎刈羽《かりわ》原発の被害状況や、原子炉の配管の多さ、日本の核管理のありようから、総合的に判断して、日本で地震時の原発事故は起こりうると考えていました。それで、我が家では放射線測定器もあらかじめ用意していました。事態が起きるまえに5万円近い高価な測定器をあがなうのは、かなり勇気がいりましたが、私は歴史家です。何か起きたら正確に記録するつもりでした。それで人に頼らず、測定の備えはしておくべきだと思ったのです。

「正確な歴史は、未来に対する予見となる」という言葉は、私自身が、いちばん忌み嫌っているもので、そんなことを言うつもりはありません。ただ、史家として、歴史に鑑みて、この国の弱点や不安を自在にしゃべっているうちに、地震が起きたら原発事故になるのに、どうしてこの国は、このことに気づかないのだろう、なぜ対策を打たないのだろう、という、いらだちのようなものが、ふつふつと湧いてきて、こんなことを言ってしまったのであろうと思います。以下に記すのは、このときに講演で話した一部始終です。

柳田國男が求めた「判断力の教育」

この国の子供たちの行く末をほんとうに心配しているから、幕末維新の人材育成について語っておきたいと思います。ふつう、歴史学者は過去のことを語り、未来や現在のことは語りません。しかし、それでは、何のための歴史学かということになる。率直に、過去を眺めながら、今を生きるヒントがみつけられないでしょうか。

日本人のことを最もよく調べ、考えた1人に、民俗学者の柳田國男がおります。柳田は日本とは何か、日本人とは何かということを問い続けましたが、敗戦後、彼はこんなことを言っています。「日本人には幼時から判断力を鍛える教育が必要だ」（『展望』1949年1月号）。敗戦でぼろぼろになってしまった日本人に何が必要かと問われたときに、柳田はまず「判断力の教育」と言いました。

日本人はどうも個人で判断せずに付和雷同するところがある。判断を迫られたときに、人が何と言うかを見回す者が多い。個人で判断することが少ない。知識教育だけではだめだ。物事の判断ができるようにする教育が必要と言いました。判断力の教育は難しそうに思えますが、柳田は、できると断言しています。

「小学校の下級生から判断力を磨いてやることが大切だ。ごく機械的なことから始めていい」。柳田ができると確信していたのには理由がありました。民俗調査のなかから、柳田はこの国のなかに判断力を鍛える教育の伝統を見出していたようです。

戦国以前の日本人は、判断や即座の対応を練る文化を持っていました。薩摩藩が行っていた郷中《ごじゅう》教育がそうです。

江戸時代は、藩によって教育が違っておりました。会津藩、佐賀藩、長州藩、薩摩藩など、それぞれ個性ある教育をしていた。あえて、ふたつのタイプをあげるなら、会津型と、その対極にある薩摩型の教育があげられます。会津型と薩摩型の教育を比較しながら、明治維新の人たちがどのように教育され、幕末維新の人材がつくられていったのか考えてみたいと思います。

まず会津の話から始めます。会津藩は日新館という非常に優秀な藩校を持っていました。会津藩とか、薩摩藩とか、藩について語るときには、その藩が教育の根幹に据えている根本思想や世界観が重要となります。会津藩を理解するための重要な文献が、藩祖・保科正之が編んだ「二程治教録《にていちきょうろく》」です。会津藩は徳川秀忠の庶子・保科正之を祖とします。秀忠と保科正之はともに生真面目な才子肌で、分をわきまえ、自分の役割や、立ち位置にしたがって生きることを重んじました。家康のような融通むげに何でもやる英雄豪傑ではなかった。この点では朱子学的なものの考え方があっていたのです。秀忠の生真面目さが、保科正之にいたって、倍加されたといってよいと思います。実際、17世紀初頭の大名は無学な者が多かったのですが、保科正之は、当時、屈指の教養人で、水戸の徳川光圀、岡山の池田光政、金沢の前田綱紀《つなのり》とならんでいました。なかでも、保科の教養は、なかなかのものであり、命を下して、政治参考書「二程治教録」をまとめ上げています。

程朱《ていしゅ》という朱子学の大家の書物のうち、国政に必要な部分を書き抜き、それを藩士たちに学ばせました。眼目は、人の道でした。人間は動物とは違う。食い物を食べ、暖衣を着け、ただ暮らすだけでは駄目だ。教育なく暮らすのは動物と同じだ。昔の聖人はこれを憂えて、人へ倫理を教えることを始めた。そういって、会津藩は、統治と教育を一体化して考える思想を打ち出しました。教育が統治であり、統治が教育である。放っておけば、動物同然になる下々《しもじも》を、教え導くことが、政治の最高目標と考える思想でした。治め、そして、教える。「治教」ということがいわれ、この2文字が会津藩の根幹思想になっていきました。会津藩では「二程治教録」が、藩校・日新館でバイブルのごとくになり、とにかくこれを読ませました。福島県立博物館に、日新館の素読の図が残っています。素読は「子のたまわく」と声を出して書物を読む。藩校のなかでは2人1組になってしかも車座になって読みあう。もちろん1人の先生が講義し、みなが聞く座学もありましたが、江戸時代の教育はマンツーマン性が高く、黙読よりも、声に出してリズムを体で覚え、読書と身体が結び付いていました。

ただ、江戸時代の初めから、このような学習が浸透していたわけではありません。会津藩も藩政中期まで、それほど藩校教育はなされていませんでした。全国的にも雨後のたけのこのごとく藩校が設けられたのが、1750年から1800年にかけてのことで、なぜかといえばこの時期に、藩の財政状態が行き詰まってくる。東日本では浅間山が噴火し、天明の大飢饉に襲われる。人口が減り、農民の家数が減り、年貢収入が減って、藩は借金で火だるまになっていました。『武士の家計簿』で紹介したように、武士が借金する場合の利子率は15~20%で、その債務残高は年収の2倍、借金地獄になっていました。

こうなると改革者が現れます。会津藩の場合は田中玄宰《はるなか》。世襲家老に傑物が現れたのです。俺は家老を休むと言って、1年間、徹底して勉強。全国の藩政を研究し、教育によって藩士を締め付け、藩を立ち直らせた実例を見つけだします。それは熊本藩でした。藩主・細川重賢《しげかた》が、堀平太左衛門（堀勝名）という家臣を登用して、宝暦改革というのを行っていたのです。藩士を学校で鍛える。鍛えた上で試験をやり、一定の教育水準に達しない藩士は、場合によっては、禄を減らす。成績の良い藩士は、藩政に登用している。熊本藩ではこれが効果をあげ、富強になっているらしいという情報がありました。そこで、玄宰は熊本藩に頼んだ。「政治顧問を派遣してもらいたい」。熊本藩士・古屋昔《せき》陽《よう》という学者がきました。田中は彼を会津藩の政策ブレーンに据え、熊本藩と同じような改革を始めます。

この改革に反対する家老もいましたが、財政危機を見ると、改革をしないわけにはいきません。半分以上が賛成し、この改革が始まりました。会津藩の年代史『会津藩家世実紀』によれば、この改革のはじめに田中はこう言ったと伝えられています。

「保科正之公の考えられた政治をやろうとすれば、昔、周の国にあった六官《りっかん》の政、6つに職を分けて、担当を定め、おのおの分を尽くしてちゃんとやる政治をしなくてはいけない。それをしないのは、碁盤に目を引かないようなものだ」

会津藩は身分ごとに道徳律を定めた

碁盤に目を引く。これが会津藩のキーワードとなります。会津藩は、下は農民から、上は殿様まで、碁盤の目を引く。それぞれ身分ごとに、すべきこと、すべきでないこと、道徳基準をはっきり規定しました。とりわけ、藩士にはその行動規範を細かく決めました。六科《りくか》六行《りくぎょう》、それに八則という規則です。

六科は、藩士が成るべき6つの人間像であり、六行は日々努めるべき6つの行動でした。また、八則といって、してはならない8つの掟を定めました。六科の第1は、いにしえを知り、政治が分かり、人の長所を知る者、これが最も徳が高いとされました。管理者（家老）に要求される能力です。第2が教育者で、人を愛してものに及ぼし、教化安民の道に志す者でした。

そして、徳目の最後のほうに、5番目として、忠義心が強く、訴訟や法律に詳しい者がきます。歴史・政治倫理の知識や人事・教育能力が徳目の上位とされ、法律知識などの実務的能力は下位におかれていました。何よりもまず法律や経済の知識を問う現在の公務員試験の選び方とは異なります。それで、技術者は最下位の6番目におかれていました。土木百工を導き才能ある者は一番下においています。人事教育が上で、実務技術が下というのは、ひろく東アジアの儒教の影響をうけた社会にみられる組織の原理でした。徳を本とし、技を末とするといわれ、人事道徳が専門技術の上におかれていたのです。

会津藩では、日常生活の行動の善悪も厳しく規定しました。六行として、父母に孝行、兄に仕え、弟を愛せ。年長者を敬い、年少者を恵む（慈しむ）者になれ。親族仲良く、友の信用を大切にせよ。担当した仕事には我慢強く耐えよ。親族友人が災難・病気・貧苦にあえばこれを救え。親身になって人の世話をする人間はいい人間だと決めました。

会津藩の厳しさは、人間評価の価値基準と行動内容を決めただけでなく、これによって、「選挙」と「子吟味」をやったところにあります。藩の定めた道徳価値で、子供を徹底して吟味しました。現在の選挙は投票して議員を選ぶことですが、当時は、役人への登用、採用を意味しました。この採用を行うのに「子供を文武と道徳で吟味せよ」と、田中玄宰は命じたのです。

藩の目付たちに、藩士子弟が六科六行を実践しているか報告させました。目付たちが「藩校の教師などから書面で子供の成績や道徳的態度を報告してもらおう」と言うと、田中は雷を落としました。「目付みずから藩校に出向き、子弟を吟味せよ」と。そのために会津藩には学校に目付がいました。稽古場を目付が回り、検分していたのです。

会津藩では、学校で人間を選別し、官僚を吸い取る装置にしはじめました。しなかった藩もあります。岡山藩などでは人間を選別する教育を最後までせず、藩校は幕末まで自由登校で通学は勝手次第でした。しかし、会津藩はそうではありません。一定以上の身分の藩士には義務教育として藩校日新館への通学を強制しました。そのうえ、階級章のようなものをこしらえて、外見で身分をはっきり表示した。幕藩社会では大っぴらに羽織を着られるのは権威者に限られましたが、会津藩では羽織着用のルールを厳格化し、羽織のひもの色でもって身分を示したのです。羽織が着られない者は半襟といって襟の色で身分を示しました。

会津藩は、今の警察官や自衛官のように、服装で階級がわかる珍しい藩で、身分に応じた敬礼の仕方が決まっており、いったん立ち止まってお辞儀をするのか、蹲踞《そんきょ》するのか、土下座までするのか、相手の身分をみて、すぐに対応をきめていました。一度でもしないと、目付が飛んできて、足軽などは処罰されることもあったほどです。

日新館は士分の者だけが入学を許され、羽織ひもでいうと花色以上の人たちだけが通うことができました。会津藩は身分格式がきっちりしており、日常生活が碁盤の目のように定められ、外見で身分をあからさまに示す藩風のなかで、徹底した秀才教育を行ったのです。その効果はありました。昌平坂学問所は江戸時代の最高学府で、そのなかに書生寮というのがあります。諸藩から人を集め、最優秀者を舎長にしましたが、この舎長を同じ藩から4人出したのは会津藩だけでした。秋月悌次郎《ていじろう》、高橋誠三郎、広沢富次郎などです。儒書の解釈ができる秀才をつくるのには、十分、会津藩の教育政策は成功したといってよいでしょう。

会津藩はこの学校で子供の段階から吟味して人材をすくい上げました。優秀な子供たちを鍛え、幕末になると公用方という組織をつくり、京都で政局を動かした。天下に鳴り響いた秀才が国事にあたるため、他藩もこの藩に一目おいていました。

会津藩では日新館の外でも子供の教育をしました。「ならぬものはならぬ」で有名な

「什《じゅう》の掟」というものがあります。年長者の言うことに背いてはなりません、年長者にはお辞儀をしないといけません、うそをついてはなりません、ひきょうな振る舞いをしてはなりません、弱い者をいじめてはなりません、戸外で物を食べてはなりません、戸外で婦人と言葉を交えてはなりません、といい、最後に「ならぬものはならぬものです」と結ぶ。やってはいけないことをきっちり決めて、それを理屈でなく学ばせる。これが会津藩の特徴で、たしかに教育効率はよかったのです。この国の性質《たち》は、まず形があたえられ、それにきまじめに従うことに向いている。この有無をいわせぬ道徳教育は、大きな効果をあげました。

大隈重信は佐賀の詰め込み教育に怒った

しかし、同時に、負の側面もでてきました。「ならぬものはならぬ」というのは思考の停止でもあります。なぜだめなのか、理由を主体的に考える文化が育ちにくくなる。一言でいえば、人間の思考を形式化してしまいます。人間とはこうだ、武士とはこうだ、忠義とはこうだと形を決め、それを人々に注入する教育だと、必然的にそうなる。

しかも、会津藩では、藩が決めた「形」を受け入れ達成できた者から、登用し出世させるシステムにしていました。藩風として、かたくなで柔軟性に欠ける面が倍加されてしまった。白虎隊の悲劇もこれと無関係ではありません。白虎隊の子供は「殿様に殉じて見事に死ぬ」教育をうけていました。それが会津武士であり忠義だ、と。しかし、現実の戦争はもっと柔軟な発想がなければ対処できません。戦闘に敗れ、味方にはぐれた場合、どうするか。戦国武士のいくさ語りを読むと「そのときはすばやく高所に登ってまず正確に味方の所在情報をつかむ」と具体的に教えています。

しかし、幕末会津藩の子供はその教育をうけていません。白虎隊を単純に忠義の美談にしてしまっては、本質を見誤ります。白虎隊の子供が死のうと思ったとき、まだ会津若松城は落ちていませんでした。城下町が燃えて煙が立っているだけだったのです。なのに、城が落ちたと思い込み、集団自決をはじめてしまいました。まず斥候を出す、情報を重視する、という、戦国人にはあった現実的な判断が出てこず、悲劇にいたった。主君のために、まだ戦わねばならぬところを、誤認で死んでしまっては、忠義もたちません。本人たちにも無念なことになってしまいました。

戦国の武士道はまことに具体的でしたが、江戸時代を通じて、武士道は抽象化・形式化しました。なんとしても勝つ技より、武士としての立派な死が重んじられはじめたのです。目的と手段の逆転がおきました。勝つのが忠義のはずが死ぬのが忠義になってしまった。会津藩では、それがとくに顕著で、主君のために忠義の死をいとわぬ優等生の武士を育てました。能吏も出ました。当時の倫理道徳の物差しで、会津武士には、非の打ちどころのない士道のすばらしさがあり、世に賞賛されました。

ところが、その陰で、戦国の柔軟な戦闘頭脳は育ちにくくなっていたのです。自由に考え、あらゆる手段をつかって勝ちを得るよりも、戦を死という抽象概念で考える傾向がつよくなって、人間の自主的判断力が掣肘《せいちゅう》されるようになっていきました。ここに会津型の教育の限界がありました。

佐賀藩も、会津藩のありさまに近いと思います。藩が教育を握り、藩士の思想を鋳型にはめ、藩校で官僚を育てていました。「佐賀経済聞書」（岡山藩池田家文庫）という史料があります。久留米藩が、となりの佐賀藩の強国化に気付き、藩士を派遣して、その秘密をさぐらせたものです。

これをみると、佐賀藩では「諸役人ことごとく学校より選挙に相成り」と報告されています。要職者は、みな学校成績のよい人間から選んでいたという。通常、藩の役職は門地家柄でほとんど決まりましたが、佐賀藩では人材選抜を「学校」でやっていた。学校で優秀だった人間を役につけており、執政（家老）が佐賀藩校（弘道館）で学ぶ藩士子弟の学業成績を極めてよく把握していたというのです。「学業の正・不正、優劣、等別（成績）についてに執政以下が自身で接している」と報告されています。なぜ家老が知っているのでしょうか。家老自身が学校に出入りするよう強制されていたからです。この体制下で佐賀藩は強国になっていきました。この佐賀藩に影響を与えたのも、熊本藩だったのです。

学校でもって人材を国家が吸い取り、官僚に養成して、富国強兵を成し遂げるモデルは、まず熊本藩がつくり、佐賀藩や会津藩がそれをまねました。学校教育によって、国家は富国強兵が達成でき、一方、個人には官僚としての立身出世が約束されます。「学校官僚制国家」の萌芽といってよいものが日本でも1750年ぐらいから発達しはじめ、各地に伝播していきました。

この学校で国家官僚をつくるシステムは、キャッチアップ、外国にモデルがあって追いつけ追い越せをやるときは、まことに効率がよいのです。明治近代化の人材育成がそうです。洋式軍隊をつくり、工場を建て、鉄道を敷設する、そういう決まったモデルがあって国家建設を推進する場合に、実務官僚を育成するのには非常に都合がいい。しかし、この教育は紋切型の答えをする優等生を大量生産することになります。深い人間、面白い人間は育ちにくいのです。

これに怒りをあらわにしていたのが大隈重信です。『大隈伯昔日譚』で若いころの佐賀藩の教育制度を次のように振り返っています。

私の郷里である佐賀藩には弘道館という一大藩校があった、生徒を内生と外生という2つの校舎に分け、まず6~7歳になると外生として小学に入れた、それから16~17歳になると中学に入れ内生にした、ようやく25~26歳になって卒業させたという。しかし、ここからが佐賀藩の厳しいところで、年齢相応の学業を成就できなかった佐賀藩士は、罰として家禄の10分の8を除いた、というのです。実に80%の俸禄カットでした。佐賀藩には、武士が命をいとわず、すさまじい奉公をする藩風がありました。九州諸藩には、そのような藩風のところが多く、柳川藩、熊本藩、佐賀藩などは、藩主への身の投げだしかたが激しい。

大隈は、この佐賀藩の型にはまった厳しい教育を批判しています。朱子学が悪いというわけですね。佐賀藩の教授法はまず「四書五経」の素読をやらせます。「頑固窮屈なる朱子学を奉ぜしめ、いたく他の学派を排斥したり」。つまり、型にはまった朱子学だけをやらせ、朱子学的模範解答を答える者が優遇される。そうしないと80％家禄が没収されてしまいます。大隈はこの教育が嫌いで「人間を同じ鋳型に入れる制度で、藩士の不羈《ふき》の気性を失わせた」「佐賀藩の学制は幾多の俊英を凡庸たらしめた」と総括しています。佐賀の教育は大人物や大豪傑になったかもしれない人間を鋳型にはめて、ただの人にしてしまうものだったというのです。佐賀藩の学問地獄は激しいもので、大隈は「明や清の登科及第法より厳酷」とまで言っています。大隈は、旧藩時代の佐賀藩の教育に飽き飽きしていました。彼の作った早稲田（東京専門学校）の校風が自由なのは、そのせいといわれています。

事実、会津や佐賀の藩士は、視野の狭い学びに駆りたてられていた面が強い。佐賀の

『葉隠』（鍋島論語）では「釈迦も孔子も楠木正成も武田信玄もいらない。我が鍋島家に奉公したことがない人々だから、家風にあわない。ただ御家（鍋島家）のために命を捨てればよい」と説いている。この一事をもって、どんな教育だったかわかる、と、大隈は後年あきれたように述懐しています。会津や佐賀は、とにかく、主家だけが絶対で、ひたすら、それに忠を尽くすことを至上価値とする教育を徹底していました。

このような忠君教育は、明治中期から日本の臣民全体にほどこされるにいたります。結果、明治日本は奇跡の勃興《ぼっこう》をとげましたが、視野の広い判断とはいえない昭和の戦争へとつながり、ついには破綻《はたん》しました。国家や組織が人材育成をなす場合、誤らないためには、何のため、誰の幸福のための教育か、その教育の価値観は広いものかなど、根本理念が常に問われる必要があります。そのことを歴史は示していますね。

薩摩では「俸禄知行」が売買できた

一方、会津や佐賀とは違うタイプの教育も存在しました。薩摩藩の人材育成です。薩摩の特殊性については、経世家の佐藤信淵が九州旅行記に書いています。薩摩藩の制度は、高禄の家臣は、たえて政治にかかわらず、経済のことは、小禄の才知ある者から適任者を選び、任せている。５石か10石取りの微禄の武士も多く、農村に住んで、自分で田んぼを耕し土着している。だから城下町には侍の家が少ない、と。

薩摩藩は戦国武士の風をのこしていました。薩摩には兵農分離がありません。外城制《とじょう》といい、戦国さながらに全土にとりでがあり、武士が土着して在地（地元）を支配している。普通の藩は武士が農村におらず、農民から庄屋を出し、藩との取り次ぎ役をやらせ、間接支配を行っていました。ところが、薩摩藩では、武士と農民が混ざって住んでいました。各地に、武士が詰める御《お》仮屋《かりや》という政治のセンターがあり、武士が直接治めていたのです。

また、薩摩藩士は普通の藩と違って「禄券売買」が認められていました。俸禄知行《ちぎょう》の売買です。たとえば、１００石取りの武士が事情で金が必要な場合、例えば、１００石の禄のうち30石を同じ薩摩藩士に売ることができました。売ると70石の武士になります。こんなことが許されていました。

ヨーロッパなら自分の領地の売買や領地を担保に金を借りることはありえます。しかし、日本の幕府や藩ではこれが禁止されていました。俸禄知行は原則売買できません。俸禄知行は、将軍や大名の権利にかかわるし、地面は、耕作者たる農民の権利にもかかわる。領主たる武士は勝手に売買できませんでした。ところが、薩摩藩では、この俸禄知行の売買が認められていた。いつのまにか100石取りの武士が50石取りになる。その逆もありました。殿様の手を経ずに禄が増減するのです。金勘定・土地開発が上手な武士は、どんどん知行高が増え、下手な武士はうかうかしていると知行高が減ってしまいます。この制度の存在を知った会津藩士は驚いていています（『志ぐれ草紙』）。

つまり、あらゆる面で薩摩の制度は、日本の標準のシステムと違っていました。兵農分離もない。一国一城令も実情と違う。琉球を支配していたから、いわゆる「鎖国」もない。教育の在り方も、会津や佐賀とは違うタイプのものでした。第一、明治前期まで、薩摩（鹿児島県）は、字の読めない人の割合が高かった。

前述の通り、鹿児島県の女性は明治20年近くになっても95％が字が読めませんでした。識字率は女性で5％、男性で30％程度でした。しかも、この時代、「字が読める」というのは、自分の名前や住所が書けるという程度を意味していました。

江戸時代の日本はヨーロッパよりも高い識字率だったという俗説がありますが、それは大都市や京都周辺の話です。南九州や東北地方までおしなべてそうだったかというと、そうではありません。1850年ごろのヨーロッパの識字率は、スウェーデン、プロイセン（ドイツ）が8～9割、帝政ロシアが5～10％、スペイン・イタリアは20％強、ベルギーが50％といわれています。男女もひっくるめて、日本全土で識字率の平均値を出したら、おそらく4割前後になります。

ヨーロッパの中ではおそらくスウェーデンやプロイセン、イングランド、フランスにはかなわなかったでしょうが、ベルギーには迫り、イタリアよりは高い水準であったと考えられます。余談ですが、ヨーロッパは、南や東へ行くほど農奴制が残っており、識字率が低い。独立自営農民の多い北西へ行くほど、識字率は高くなる。九州も同じで、薩摩は大農民に隷属した農民が多い。九州は北へ行くほど、開けていて、独立自営の農民が多く、識字率も高かったのです。

教育は重要です。ヨーロッパで幕末の1850年に識字率が高かった国と1979年になってGDPが1万ドルを超えていた国は一致します。つまり、教育の高低は、10

0年以上のスパンで、その国の経済生活に影響をおよぼします。歴史学の目から見れば、短期的な景気に一喜一憂するよりも、100年後のことを考えて、子や孫たちに、きちっと実のある教育をするのに税金をつかったほうがいいという結論が出ています。それは統計データで歴史上証明されているのです。

きわめて実践的だった薩摩の「郷中教育」

薩摩藩の話に戻ります。薩摩の藩風は会津と大きく違っていました。身分や礼儀にうるさくない。会津藩士が『志ぐれ草紙』に書いています。

会津藩は足軽に土下座をさせる。路上で物頭（隊長）に行き合うと、雨でも、草履を脱いで土下座をさせる。ところが薩摩藩だけは、殿様にも土下座をする習慣がない。出会っても高い履物を脱がずに、そのまま礼をなす。足軽に土下座をさせる風習は諸藩に共通で、のちの陸軍元帥・山県有朋《やまがたありとも》も長州藩足軽時代に泥道で土下座をさせられている。ところが、薩摩には格式ばったところがなく、アバウトな戦国風が残っていた。

薩摩で行われた青少年教育は「郷中教育」といいました。これはよく少年団に似ているとされています。薩摩の郷中教育には決まった教室も校舎もありません。毎日、若者が集まって、その日の集会場に他人の家座敷を借りる交渉から始まる。先輩が「借りてこい」と言うと、後輩が「今日は郷中の二才《にせ》（若者）たちでこの家を借りたい」と交渉し、薩摩の人も家を貸す。自分たちが教育を受ける場を自分たちでつくるところから始まるのです。塀や堀のなかに閉じ込められて行われる会津日新館の教育とは明らかに違いますね。学びの場は自分で獲得しなければ、薩摩の子供たちの上にはやってこない。ここからして違います。

薩摩藩の郷中教育は、6～7歳から15歳くらいが対象で、長老《おせんし》といわれる24～25歳までが関わります。先輩が後輩をお互いに教える伝統的な教育ですね。この薩摩藩士の教育法は、学校や文字による教育と違い、一風、変わっています。たしかに薩摩の識字率は低いのです。識字率が低いと、知識獲得や経済発展には困ります。しかし、字を知らないから馬鹿だということではありません。本能的判断力はしっかりあるわけです。むしろ、下手に知識や文字で教育されて、頭が硬くなっていません。スローガンや既存の抽象概念に惑わされることなく判断できる場合も多いのですから。

文字は恐ろしい面があります。文字は便利ですが、文字で「概念」を知ると、頭が予定調和な抽象概念で毒されてしまい、具体を考えなくなってしまいます。たとえば、新聞の盗難記事に「バールのようなものでこじ開けられ」と、よく書いてある。「バールのようなもの」は抽象概念だから見た人は誰もいない。

しかし、現金自動預払機が壊されていると「バールのようなもの」でこじ開けられたと報道され、それで、みんなが納得し、自分で調べたわけでも、見たわけでもないのに、わかった気になって、その説明で納得、安心してしまうのです。バールは現実に存在する道具ですが、いつしか、このバールを知らない人までもが、この説明で納得するようになってしまいます。

抽象的な説明で、人間が納得するというのは、こわいことがあります。「このビルは地震でも安全です」と反復して文字で書かれたものを見せられ、教育され続けると、人間は本当にそう思うようになってしまう。震度いくらまで安全か、老朽化しても安全か、ビル本体は大丈夫でもあとで取り付けた看板は落ちてこないか、といった具体的なことを考えなくなってしまいます。

文字文化の浸透がおくれていた薩摩では、実に、具体的な教育が行われていました。郷中の仲間同士で普段から細かい生活規範を申し合わせていました。「団結し、親睦《しんぼく》を旨とせよ」という集団主義は郷中教育の特徴で「長幼の序を重んぜよ、幼少のものをいじめるな、婦女に交わるな」までは、会津藩とも似ています。しかし、薩摩藩の教育の非抽象性、具体性はきわだっています。薩摩の郷中の掟の条文のなかには「シュロで編んだ緒の高下駄を履け」「暑いときも日傘を用いない」「抜いた刀はただではさやへ収めるな」「槍を持った人に会ったら礼をしなさい」「人の肩より上に手を掛けるな」「他人の家の果物を取るな」というように、とにかく、教えが具体的でした。薩摩人たちは文字を知らない人たちが多かったがために、抽象的なものを排除した世界の中で暮らしていたことが、わかります。

薩摩の家庭教育の実際は『東郷元帥詳伝』にみることができます。8歳ごろから東郷平八郎は兄たちと、毎朝、未明に起きました。それから「すねもあらわに」、寒期でも短いはかまで歩きました。戦国以来この格好が剛強な男の象徴でした。

朝6時の鐘が鳴ると、包みを抱えて町を走り、西郷隆盛の弟のところに習字を習いに行きます。ところが字は1時間しか書きません。8時には帰宅。髪を結います。母がきれいに子供の髪を結う。東郷家では、母は子供が寝ているとき、頭の側を通らず、足の側を通りました。「子供は国の宝であり、殿様に奉公する大切な体だから、傷つけてはいけない」。それでいつも、きちんとした格好をさせていました。薩摩の女の覚悟というものは、すさまじいのです。

事実、平八郎の兄弟が西南戦争で死んだときは、母は素手で遺体を掘り出しに行き、手を血だらけにして、子の遺体を掘って担いで帰ったといわれます。薩摩の郷中教育の背後には、薩摩の母の猛烈な子供への愛情がある。それが薩摩武士の勇猛さと結びついていたのです。

髪を結い、ご飯を食べると、今度は、友人の家に集まり、りんりんたる声を張り上げて四書の素読をします。薩摩藩には藩校・造士館が造られましたが、それは時代が下ってからであり、薩摩藩士は全土の農村に散らばって住んでおり、藩校に通うのは、ごく一部でした。薩摩藩は藩士を、会津や佐賀のように藩校の学寮に押し込めず、野に放って野蛮な豪傑教育をやっていたといってよいと思います。東郷の場合、鹿児島市街を流れる甲突川《こうつき》に走り、水中に躍り入って遊泳し、あるいは河原の砂をけって、友人と相撲でもみ合った。これを毎日激しくやりました。午後2時まで相撲をとり続けたといいます。つまり、朝の1時間、習字の勉強をするだけで、一応、素読はするものの、あとは魚を捕ったり、相撲をとったりする時間が長い。午後になると、木刀を取ってきて、示現流で「ちぇすと」と叫んで振り回し、掛け声勇ましく、木に向かって切り込みを練っていました。

それがすむと順繰りに友達の家に集まって二才話《にせばなし》をしました。こういうものが薩摩の郷中教育でした。二才たちが集まって、朝鮮のトラ狩りの話をきく。あるいは、みんなで、島津日新公の「いろは歌」を唱えました。このいろは歌の第1は「いにしえの、道を聞きても、唱えても、我が行いに、せずば、かいなし」というものです。いかに薩摩の教育が実効性を重んじているかがわかりますね。昔の人の道徳を聞いても唱えても、自分の行いにしなかったら何にもならん。薩摩藩士は、これを子供のころからもう何千回も唱えていました。

いかにして想定外をなくすか

郷中教育の研究書に松本彦三郎『郷中教育の研究』(昭和18年)があります。この中に薩摩の郷中の掟などが多く収録されている。そこに「忠孝の道に大形なし」との言葉があります。忠孝の道に決まった形はない。忠孝のやり方は、時、所、位によって変わっていく。千変万化だとあります。これをみても薩摩は近世朱子学に染まりきっていない。「江戸時代のよい意味での後進地」の薩摩らしい表現です。薩摩は、江戸時代の後進地であったがゆえに、維新変革期に、先進性をもった「異人」たりえた、といっていい。

読書の仕方も会津や佐賀のものとは違います。薩摩出身、明治の大蔵大臣・公爵松方正義は回想に「予等が二十歳頃の修行の仕方は、互に短所を注意し合って遠慮なく切磋し合ったものである」と書いています。要するに、近所の子供たちが集まって、お互いに「お前はこういうところが悪い。直せ」「おお、そうか」と口頭で言いあっていました。耳から入ってくる生活的な道徳教育でした。目から教科書で教え込まれる藩校の朱子学の道徳教育とは違っていました。

同じく薩摩出身の海江田信義が、大久保利通や西郷隆盛と読書していた時分の様子が興味深い。海江田は18歳頃から、西郷、大久保と交わりを始めました。彼らと期日を決めて中国の道徳書『近思録』を読み、議論していました。書物を半枚か1枚ずつに区切って読みます。すると西郷・大久保は、こう言いました。「これは唐の先生たちが言うことだから、これを題にしてひとつやらにゃならん。本に依ってやるといけない。本を畳んで机に伏せろ」。そして、西郷は「お互いの肚《はら》を出せ。そうせんと本当の学問ではない」と返したそうです。

本を少し読ませた上で、本を閉じさせ、お前たちの肚を出せといって、議論をはじめました。

「今の時勢はいたずらに読書にきゅうきゅうとして、字句の解釈ばかりをするような場合ではない。男子たるもの大志を起こして身命を実地にいたすべきである」

西郷はあの巨体からそんな言葉を発していました。

明治維新は鹿児島の甲突川のかたわらに住んだ彼らのグループが成し遂げたのですが、

なぜ彼らにできたのでしょうか。「肚を出して本当の学問を考え、学問を実地にいたす」という話を小さいころから互いに語り合ってきたことが大きいと思います。そういう「本気で考える実学集団」を西郷らがつくっていました。日本の明治維新がなぜ彼らによって担われたか、それをつくり出した教育が何であったか、私にとっては非常に興味深いですね。

問答が始まると、本質的な議論を避けません。例えば「志なるものは何か」。海江田が「志とは国家に志す丹誠である」と答えると、「丹誠とは何か」と、先輩がもう1回聞いてきます。「自家の精神を錬磨することである」と、また答えます。こういう問答を延々と続けていました。西郷たちの郷中教育は、本を読む時間は短いのです。読んだ後で、考える、問答をする、そのための時間が非常に長く取られていました。実地に試してみる、お互いに肚を出して、本物の学問をめざす。それが西郷のやった郷中教育では、目標とされていました。

このような学問を実地に試す薩摩の教育は「詮議」というものを生み出しています。詮議は一言でいえば、実際にはない状況を頭のなかで仮想させて、対処を考えさせるシミュレーションです。たとえば、「殿様の急用で使いをして、早馬でも間に合わない場合は、どうするか」、先輩たちが幼い子に聞く。順番、もしくは「詮議くじ」といって、くじに当たった人が答える。幼い子がちょこちょこ前に出て「早馬の後ろから針を持って、馬の背中をちくちく刺します、そうしたら、いつもより速く走ります」などと答える。この回答は、のちの初代文部大臣・森有礼《ありのり》が実際に答えたものです。

小さいことでもいい。とにかく考えさせる。事が起きる前に、事態を想定して考えておく。これは戦争や外交に臨む人たちや、政治家の育成には極めて重要です。経営者や社員養成にもいえますね。危険物を扱う人はいうまでもありません。起きる前に、考えておくのが、薩摩の詮議でした。

詮議の実例を挙げてみます。「君の敵、親の仇持候節は、どの敵より打申す者に御座候や」、主君の敵がいて、親の仇もいる場合、どの敵から打ち果たすべきか。この設問は、忠と孝のいずれに重きを置くかにかかわります。日本儒教の理屈では、忠のほうが孝より重い。親孝行のほうが大切な儒教の本場、中国とは違います。そもそも武士集団だから、親への孝行が殿様への忠義より重いとなると、戦場で父母からもらった五体を傷つけたり死んだりするのは大不孝になる。それでは武士は存在できません。

それで日本では「主君の馬前で忠義の戦死をとげるのが、最大の親孝行である」というやや苦しい理屈を発明しました。忠孝一致思想というもので、水戸学がさかんに唱え、昭和戦争中の国民学校まで日本人の道徳とされました。さて、主君の敵がいて、親の仇もいる場合、どうするか。ある薩摩武士の模範解答は「行き当たり次第に」でした。なんとも実際的な答えですね。

詮議は、その場で即答しないといけません。しかも回答が適当でない場合はどこまでも追及されます。それで、問題を出すほうも頭が鍛えられます。こんな詮議もありました。「館の横の馬場を通行していて、石垣の上から、つばを吐きかけられたら、どうするか」。まず設問があまりに具体的なことに驚かされますが、この問いに「直ちに門から入り、つばを吐いた人間をとっちめる」と答えた者は不心得とされます。

「もし逃げられたらどうするか」と問い詰められる。考え直して、「自分は人から嘲笑を受ける理由がないから平然として通るようにします」と答え直すと「それは心掛けがよろしい」と先輩は褒めてくれますが、必ずこう付け足します。「石垣のすぐ下を通るからつばをかけられるなど無礼にあう。道の真ん中を歩くようにしろ」。常にそれぐらいの知恵をもって油断なく日々の一挙手一投足を考えよ、ということです。

薩摩藩士の子供は、こんな思考訓練を何千回も繰り返していました。西郷隆盛や東郷平八郎はこういう教育土壌のなかから出てきた人物といってよいでしょう。彼らは、物事について起きる前から起きうることを考え抜いて、事前に徹底して備える習慣が付いていました。

薩摩人は「もし、こうなったら」と考える反実仮想力が高く、あらかじめ手を打つから、想定外のことが起きて、あわてることが少なかったのです。事実、幕末の薩摩は、ずるいといわれるほど政局判断に誤りがありませんでした。うまく渡り合って、幕府にとどめを刺した。その間、長州藩は無謀な戦いを何度も仕掛けて敗れ、会津はひたすら大義名分を訴えて敗者となり、朝敵の汚名を着せられました。長州も会津もリアリストたる薩摩藩にしてやられました。この背景には、薩摩武士のリアリズムにあふれた育ちというものが、おそらく関係しているにちがいありません。

良いと思った価値を次世代に伝える努力

この国も平和な時代が60年以上続きました。リーダーが学校と試験で選抜され、戦争の地獄を経験していない学歴エリート世代が、政治家や高級官僚や経営者になっています。はたして、リアルな判断力を持っているか。寒気を覚えますね。判断力を鍛えるには、どのような訓練がよいのでしょうか。ここで述べたような薩摩の歴史などは、何らかの示唆を含んでいると思います。

変動百出の世界、今日までのことが明日には変わっている世の中にあって、次世代に、生きる力をどのように与えていくかを考えたとき、歴史は知恵の宝庫です。おそらく、次世代に必要とされる教育は、抽象概念を知識として流し込むものではなく、臨機応変な自己判断を鍛えるものになるでしょう。

もっとも、現代は会津藩のように有無をいわせず注入する教育が軽視されているから、いまの子にはむしろそうした教育が必要との意見もあるかもしれません。しかし、会津型が向いていたのは、西洋に追いつけ追い越せとか、工業化を達成すればいいとか、社会が求める価値モデルがはっきり決まっていた時代かもしれません。

経済活動が農業や工場生産の時代なら話は単純です。同期間に1個作るより2個作ったほうがすごい。目的や価値がはっきりしています。しかし、高度にサービス化・情報化された社会は複雑です。どのサービス、どの情報が、価値をもつかは、常に流動的で定まらない。国家や会社など集団への忠誠心が強く、遅刻せず、指示された分担仕事をいわれた通りに完遂するだけで、発展できる時代ではないのです。

これから、我々が進む世界には、これぞという、決まったモデルや絶対価値はみあたりません。そのなかで個人が生きていくには、価値観や方法自体を自分で常に模索し、創造していくことになるでしょう。これからの子供たちは五里霧中の世界に入っていくようなものです。今やインターネットで子供は多角的に情報を得る時代で、政府や学校が上から価値観を子供に流し込むことも難しい。

明治維新期の日本がもっていたのは、教育へのあくなき情熱でした。郷中教育をうけた西郷隆盛は政府の大官になっても教育家をやめなかった。西郷が住んでいたのは犬が障子を破って疾走する泥だらけのボロ屋敷で、床の間に給料の札束レンガを無造作に積み重ね、そこへ毎月数回、14～15歳以下の近所の児童を集めて口述的談話をしました。

なぜかカステラを2切れずつ子供に配り、薩摩汁を食べて帰らせました。西郷は郷中教育さながらに語り、強い子が、隣の子のカステラに手を出すと、それを厳しく戒めました。現代社会には、こういう政治家はいません。大人が、自分が良いと思った価値を、格式ばらずに次世代に伝える努力をする。その情熱が我々には足りないかもしれません。このままでは、この国は想定外の事態に対処できなくなるのではないでしょうか。子供に「もし、こうなら」と想定して考えさせる判断力練磨の教育が、現代においてはもっとも重要です。

歴史に学ぶ地震と津波

司馬遼太郎さんがよくお使いになる言葉に「虚名」があります。司馬さんは子規さんの影響か生涯、書生を自任され、作家としての盛名を虚名といっておられたように思います。私も『武士の家計簿』の作者として知られた名は虚名である、と思っています。この虚名の使い方を間違ってはいけないと思っていたのですが、3・11の東日本大震災で揺《ゆす》られてはっきりわかりました。自分の虚名の使い方が。

自分は古文書探しの名人です。職人気質だから腕自慢をしますが、古文書がどこにあるか素早く見つけ出せる。正確に解読できる。それにかけては、私は日本最高水準の「古文書スーパーコンピュータ」（笑）です。

あの日、地震に揺られながら「ああ、これで世の中は変わる」と思い、同時に「歴史学はこれまで地震や津波の研究をあまりしてこなかったから、自分がやらなくてはいけない」と思いました。地震津波の古文書を探すのは私が一番の適任ですから。

実は私の父が農芸化学の専門家で、土壌肥料を研究しておりました。それで家には地質図がたくさんあり、私はそれを持って、地学の探査をするのが、子供のころの趣味でした。そんなわけで20代前半ぐらいから地震や津波の古文書を集めていました。これを研究することで、人命がかかった問題に答えることができるとわかっていたのに、着手が遅かった、という無念の思いがあります。

明応の南海トラフ大津波の凄まじさ

というわけで、「歴史に学ぶ地震と津波」について、ここでは述べましょう。まず概要からご説明しますと、日本を襲う海溝型の地震には、南海トラフ、駿河トラフ、相模トラフという3つがあります。今、政府が対策を練っているのが南海トラフ巨大地震です。これが来ると、最大の予測で32万人の方が亡くなる恐れがあります。東海筋に歴史津波の研究をする大学の日本史教員が何人いるかと考えたら、ゼロなんです。これはまずいと思っていたら、ちょうど浜松の大学で教員の公募が出ましたので「行きます」と家族にいい、誰も反対しませんでしたので、浜松に移り住みました。

南海トラフの地震がいつ来るかについて、私は希望的観測で、あと20年の猶予はあるかもと思っています。なぜなら、南海トラフ地震が90年間に2回起こった歴史は、『古事記』『日本書紀』の時代から一度もないからです。最短でも90年ですが、逆に史料のよく残る時代では150年以上あいた例もないようです。南海トラフの地震活動間隔が200年あくこともあるという地学の研究者の意見もありますが、小さな地震を入れれば、やはり、200年も静かにしていることは少ないとみたほうがよさそうです。

最後に起こったのが昭和19(1944)年。戦争の最中に小さい南海トラフの変動が起きました。それから約70年たっている。だから、人間にたとえれば90歳から150歳の寿命の南海トラフ君が、いま70歳を迎えている。南海トラフ君の寿命が尽きるまで、あと20年はあると信じたいのです。しかし、相手は自然です。何があるかまだわかりません。

地震が起きると、いちばん危ないのが浜松です。ですから移住しました。浜松は震源域に含まれますので、津波第1波が来るのが、地震が収まって歩ける状態になってからゼロ分から5分。地震とほぼ同時に津波が来ます。

これに比べれば、大阪は有利です。津波が紀淡海峡を入って大阪湾に入ってくるまで約2時間の余裕があるからです。震源域に近いところでも1時間の余裕がある。ですから、大阪の方々は落ちついて対処しさえすれば、相当に災害を減らすことが可能です。

ただ南海トラフの地震は、いつも同じ大きさではありません。1～2割の確率で特大の津波を伴うようです。逆に1～2割の確率で、津波が平野部で4メートル以下で被害が比較的小さくてすむ南海トラフ地震もきます。特大だと、浜松付近で15メートルの津波が砂浜を襲います。土佐清水や伊豆の下田では、30メートルを超えます。信じられない津波です。

歴史的にこの特大の津波がいつ来たかというと、最近では明応7（1498）年が有力です。これは大きな津波だったようです。東海筋の史料からも津波の運んだ堆積土砂の発掘調査からもうかがえます。このとき、鎌倉の大仏を襲った津波が建物を壊して大仏を素っ裸にしたとの説もありますが、大仏はそのときすでに野ざらしであったとの史料もあります。これ以後、我々は南海トラフの超巨大津波を見ていません。その後に来たのは慶長10（1605）年、宝永4（1707）年、安政元（1854）年、昭和19年の4つの津波ですが、どうも明応の津波を超えていないようです。

宝永津波ははっきりわかっています。浜松市付近に到達したとき、高いところで9メートル、静岡市付近で6メートル弱の高さです。

南海トラフの津波は、10メートルを超えるとものすごい勢いで被害が増えます。砂丘の高さが関わってくるからです。江戸時代は砂丘の高さが11メートルぐらいあって、それが守ってくれていました。いまは砂丘がすり減って、6メートルとか8メートルになっています。だから6メートルから8メートルまでの津波であれば、砂丘がストップしてくれます。ただ、大阪には砂丘がない。これが大阪の苦しいところです。

明応以来約500年間、超巨大津波が来ていないので、気にかかるという人もいます。次に来る津波は小さくないかもしれません。大阪市は5メートルの津波が想定されています。

「日本丸」はレーダーが弱い

では、宝永、安政の津波のとき大坂はどうなったか。大坂は橋がたくさんありますので、橋がどこまで壊れるかが津波計になります。とくに道頓堀です。戦前の地震学者の大森房吉が聞き取り調査で明らかにしたのですが、安政津波では26の橋が破壊されました。

大阪湾にはたくさんの川舟、海舟がありますから、津波が来ると大量の舟が押し流されて堀を遡り、橋桁が破壊される。安政のときは難波の大黒橋までが壊れました。宝永津波のときはさらに遡って日本橋まで破壊されました。安政津波の高さは大坂で2・5メートルから3メートル、尼崎で2・5メートル、堺で2・5メートルだったろうと、歴史地震学者の羽鳥徳太郎さんが推定しています。

明応の巨大津波以前では仁和3（887）年、古代に起きた仁和津波も巨大なものでした。私は巨大津波500年説を取っておりまして、超巨大津波は400、500年ごとに来ると考えています。ですから、ここ20年ぐらいの間に備えをしておかないといけないのです。

私が、司馬遼太郎さんの書かれたものでいいなと思うのは、昭和の歴史の失敗から学べ、と勇気をもって書いておられることです。私の解釈では司馬さんがいちばん心配しておられたのは、このことでしょう。日本人の乗った「日本丸」はレーダーが弱いのです。起きるとわかっていても、最悪の事態について考えることをやめてしまう。日本人は、起きて困ることを直視せずとりあえず目先のことをやる、几帳面で、真面目で、一面困った人たちなんですね。

寺田寅彦の有名な言葉で「災害は忘れた頃にやってくる」がありますが、なかなか本当には身にしみていません。

津波がやってくると、泥を残します。津波堆積物というもので、東日本大震災の折、私もずいぶん調べました。平野部でもだいたい10メートルの津波が来ると、内陸4~5キロ近くまで水が押し寄せてくる。津波に襲われた最初の1キロから3キロまでの間は、10メートルの津波が来るとだいたい5~10センチメートルの土砂が溜まる。最後の1~2キロになると水だけとなり、堆積物の確認ができません。だから、土が出なくても水だけが来る地域が、だいぶ広がっていると考えられます。

津浪が2メートルを超えると、人間の死者は急激に増えます。江戸時代の建造物は、浸水2メートルから流出を始めますが、いまの建物は2メートル浸水しても簡単には流れないといわれます。

さて、過去の地震が震度いくつだったかを古文書からどう判定するか。たとえば墓石・石灯籠などは立派な地震計になります。鳥居がかなり破損した場合は震度5強以上、石灯籠がかなり倒れたら震度5弱で石灯籠のうち不安定なものが一部倒れれば震度4、建物の戸障子がはずれ始めるのは震度5からとなります。古文書の叙述をこうした震度表(宇佐美龍夫『歴史地震事始』)と照らし合わせて震度を復元していくわけです。

私は地震の研究をやっているうちに、「果たして前近代の人間は客観的な揺れの基準を持っているか」とか、「地震の発生時刻をどのぐらい正確に書き残せたか」とか、「揺れが継続した時間をどう記述するのか」に興味を持つようになりました。江戸時代は、分や秒はありません。江戸時代、大名時計の最短の目盛は、不定時法で季節によって12分から15分。そうすると、12分以下の時間の単位を持ってない人が時間を言い表そうとしたら、どう表現するか。

揺れを克明に記した江戸の地震計「天水桶」

じつは江戸時代には客観的な揺れの基準が登場するんです。「天水桶」です。雨水を受ける桶で、7、8割ほど水が入っている。この水が外へこぼれたら、大名の使いが将軍にご機嫌伺いをしないといけない。そうすると、将軍にご機嫌伺いしなくてもいい人までが、天水桶の水がこぼれたかどうかを記述してくれるようになってきます。伊藤純一氏が論文に書かれていますが、江戸人にとっての地震計は、天水桶です。

たとえば元禄16（1703）年の元禄地震で静岡県磐田の村の記録には、「夜大キにゆり、其日より毎日桶の水こほれざる程ゆり」とあります。「ゆり」は「揺れ」です。地震のあと余震がつづいて、その日から毎日、桶の水がこぼれないほどに揺れたと。

こぼれたことを記述しているのはわかるのですが、元禄期になると、桶の水がこぼれるかどうかで江戸の人が地震の揺れの強弱を判断するようになっていたということがわかるわけですね。

江戸時代ってすごいと思うのは、まだ1703年なのに、遠江《とおとうみ》国、浜松近郊の農村でもかなり詳しく日本全土の地震被害の様子を把握して、記録するようになっているという事実です。庶民がこんなに詳しく地震のことを客観的かつ実証的に記録する国民性はたいしたものです。

では、江戸時代には地震の発生が何時だったと、どのように認識するか。晴れの日の昼間に起きた地震なら、太陽の位置でかなり正確に発生時刻を記録してくれます。だけど曇った日や夜は、発生時刻を正確に把握するのがじつに難しいのです。

その一例として寛文2（1662）年、京都の地震の記録を22個調べ出してみました。ある人は「午の刻」と言い、ある人は「巳の刻」と言い、ある人は「辰の刻」と言う。辰、巳、午だから最大で6時間近いバラツキがあるのです。幕府や岡山藩は、「巳の刻から午の刻まで、余震も含めてガタガタ揺れ続けた」という表現をしています。

地震の記録を定点観測できる藩がないかと探したら、ありました。対馬藩です。じつに記録をよくまとめている藩で、「地震」記録の簿冊を作成して保存していました。徳川幕府は直接に朝鮮を相手にできないから、間に対馬藩を置いて外交を行っていました。外交記録を残すテクニックをもっていますから、対馬藩の文書の残り方と記録の分類法は非常に優れています。対馬藩の文書を読むと、時計による地震観測が成立するまでの様子がよくわかります。

寛文京都地震が起きたときには、「今月一日、五日、六日比大坂地震仕り」、大坂で地震がありました、としか書いていません。

それから40年たって元禄地震が起きたときは、「丑ノ中刻より寅下刻迄」と、一時《いっとき》を3つに分けて40分単位で記述するようになります。

1707年の宝永地震になると、恐るべき記述です。「時斗二三歩之間震り」、時計二、三歩のあいだ揺れたと、時計を持って計っていることがわかります。この一歩《いちぶ》というのは、大名時計は一刻を10に分けて目盛があるので、120分を平均とすると12分が1目盛（1歩）です。おそらく余震を入れた揺れ時間でしょう。1700年代になると大名の家には大名時計があって、それで地震の発生時刻を記録していることがわかります。

これは日本人の時間感覚というのが、天体の運行と切り離された、近代的な機械的時間をどのようにして獲得したのか、いつから持ち始めるのかということを考えると、非常に興味深い史料の記述だと思います。

江戸時代人も「世界の終わり」を意識した

南海トラフに揺られると、人間はどうなるのだろうという興味もあります。これは高知県佐川近くの丹羽長明という人が宝永地震に遭ったときの様子です。「貴賤男女戸外へ走り出て異口同音に狗犬を呼ぶ」。身分が高い人も低い人も男も女も部屋の外に走り出て、異口同音に犬のような声をあげた。「カアカアと云しも、甚震之期には、皆、ハアハアと唱て」。揺れ時間があまりに長いものだから、はじめは「キャア、キャア」と言っていたのが、揺れが甚だしいときには「ハア、ハア」になったというんです。「地を扞へ、樹木苑竹に取付ても可被汰倒や、と恐怖する也」。地をとらえ、樹木につかまってもまた揺り倒されると恐怖すると。たとえ難く、とにかく慌てたと書かれています。

この時代、南海トラフの地震に遭った人の叙述に共通するのは、「世界は終わりだと思った」と書いていることです。震度6とか7になったら、若い元気な男の子でも立つことさえできない。ものすごい恐怖です。

地震がどのぐらいの長さ続くのかは気になるところです。今回の東日本大震災は長かったですね。後で地震計の記録を気象庁から取り寄せてみたら、有感地震が続いたのは6分でした。

宝永地震について、兵庫県丹波の柏原藩、信長の子孫に当たる織田家は、こう記述しています。「大地震茶四五服斗□之内事」。お茶を4、5服飲むあいだ揺れたと。お茶は煎茶ではなく抹茶でしょう。お茶一服を何分に換算すればいいのか、私もわからないのですが、こういう記述が出てきます。

京都の「松尾家累代日記」という文書があります。寛文地震について、「巳ノ下刻大地震、壱町行間（行くあいだ）」と書いてあります。壱町は109メートルです。109メートルを人間がどのぐらいの時間で歩くか。1分で80メートル歩くとして計算すると、82秒ぐらい揺れただろうとわかります。

おそらく揺れている間、実際には歩かないんでしょうが、1歩、2歩、3歩、4歩、5歩……と指折り数えたのでしょう。それで、どのぐらい歩いたかと数字を出して書きます。じつに几帳面です。

気になるのは、江戸・小田原を襲った1703年の、元禄地震ですね。これは相模トラフが2枚ぐらい割れました。実は関東大震災は元禄地震に比べるとそれほど大きな規模ではありません。関東大震災には大正型と元禄型と2つありまして、大正型というのは小田原から千葉の房総半島の先まで、東京湾の先ぐらいまでしか岩盤が割れない。ところが元禄型というのは、小田原から千葉の岬の先まで岩盤が割れた上に、それからさらに沖合へ向かって何百キロも割れています。規模だけで何倍もあるんですよ。

元禄型になると何が怖いかというと、湾のなかだけで岩盤の割れが止まらなくなってしまう。沖合まで岩盤が割れるということは、大津波が太平洋側で起きて、それが押し寄せます。

元禄関東地震（１７０３年）について、近衛基熈《もとひろ》という公卿が日記の中で、「道二町許徐歩間云々」、二町歩く間揺れた、計算すると１６４秒揺れたと書いています。４年後の宝永地震では、「大地震動、庭中水舩水コボル」。庭の池の水がこぼれた。しかも「十分之中五分許《ばかり》也」、池の水が半分になったというほどの揺れです。それがどれだけ続いたかというと、「道歩者七八町許歩程之間也」、道を歩まば七、八町ばかり歩むほどの間なり、と書いています。８００メートル程度ですから、10分くらい揺れたんです。

これは大変な遺産です。10分間揺れるということを残してくれたから、建築物を設計するとき、それだけの時間の安全は確保しなきゃいけないと、史実からわかるわけです。

後世へ、「各々油断致さるゝな」

金五郎さんという人の日記が愛知県田原という港町に残っていて、宝永地震の様子を書いています。「地震そろそろとゆり出し刻限久しくゆすり、大方やみ可申と存候時分、大分強くゆり出し」。揺れの顔つきを書いてくれるのがありがたいんです。南海トラフが割れるときに、四国側から静岡県に向かって割れていくのか、逆に静岡から四国に向かって割れていくのか、両側から割れるのか、和歌山から両方に向かって割れていくのか、そういうことが推測できるわけです。

私が感心したのは、地震に遭ったあと金五郎さんはこう書くんです。慶長7（1602）年に小田原で地震があり、元禄14（1701）年にも大地震で小田原が潰れたという話を聞いた。よそのことのように思っていたけれど、「今年東国の大地震ハ、来年西国の大地震となるものにて候こと古書に有之候間、各々油断致さる、な」。ちょっと前に東国で地震があったならば、その次は西国で大地震になるということは、考えてみれば古い本にある。「各々油断致さる、な」とは、まさに私たちがそう言われているとしか言いようがない。金五郎さんは多分、後世のために書いてくれています。我々に見せるためにです。

この宝永地震のときは富士山の噴火が伴うんですね。10月4日に地震があり、23日に富士山が噴火する。金五郎さんは、「火ゑん吹き上げ申候事富士山より三倍の高サに見へ申候」と書いています。これもすごい。噴き上げた高さを計って、科学的に記述している。富士山の3倍だから、12キロ程度まで噴煙を噴き上げたことをちゃんと書いています。さらに驚くべきことに、どこまで灰が降ったかを全国の情報網を使って調べて、銚子まで降ったことを書いているのは、たいしたものです。

また、「江戸も砂の厚サ四、五寸も積り申候」と記述があり、江戸でも火山灰の厚さが4～5寸、12～15センチ。火口の近所は、3メートル積もったとあります。

ちなみに富士山の灰というのは、雪の重さに対して10倍の重さをもっておりますので、30センチ積もりますと3メートルの積雪と同じ状態になります。50センチの灰が屋根に積もった状態は、もはや危ない。あと、江戸では15センチということは、上に1・5メートルぐらいの雪が積もったのと同じ力がかかるということになる。

しかし、実際の江戸での降灰の量は4センチ前後のようです。灰降ろしの必要があることはもちろんですが、私が危惧しているのは、火山灰の影響で、空気循環のためのフィルターが詰まってガスタービン式の火力発電所が動かなくなることです。送電線もどうなるか調べておかないといけない。電力会社に強く伝えたいのは、

「たとえ富士山の灰が5センチぐらい堆積しても、電力の供給が途絶しないように事前の対策を考えてもらいたい」

ということです。国もそれは支援すべきで、富士山が噴火した場合でも関東地域の電力供給を絶対に止めてはいけない。歴史学者の言うことではないのかもしれませんが、歴史を調べていくと、様々なことを思わざるを得ないわけです。

金五郎さんの文書のすごいところは、災害に対して緊急経済援助——今でいう補正予算ですね——をどのぐらい実行したかを書き残している点です。

「日本国中高割金と御名付候て、本高百石に金二両宛」

とあります。お米高で100石の村があったとしたら、そこへ対して2両の緊急援助をしたことになります。2両はだいたい2石に相当するので米換算の総生産の2%を出

した計算です。これは当時のGDPにしたらどのぐらいにあたるか計算しました。だいたい江戸時代の村というのは、100石分を経済生産の単位にします。100石というのは、お米も麦も全部入っています。農産物以外の、たとえば塩田を経営したり、魚をとったり、酒をつくったり、材木を切り出したりという経済が、農産物の上に同じぐらい乗っている。だから、100石の石高の村のGDPは、おおよそ200石です。

つまり各村からGDP全体のだいたい1%を復興事業に投入していることになります。いまの日本におきかえれば、GDP500兆円の1%ですから5兆円ぐらいでしょうか。5兆円規模で、復興税を取って投入している感じになります。

とにかく、富士山の火山灰は11月23日から降りだして12月9日まで続きました。結構長いですよね。このときは大の月と小の月があるから、まず11月中で7日、12月中で9日だから16日間、約半月降ったということになる。江戸でつけられた日記をみても最低、12日間は灰が降っている。その間、「昼中ニも、ちょうちんにて諸用たし申候」というから、暗くなって提灯で用を足さないといけない事態になっていた。金五郎さんは多分、後世のために書いてくれています。我々に見せるためにです。

津波被害の厳しい想定を

私がとくに恐れているのは、南海トラフが動いたときに新幹線がどうなるかという問題で、「浜松が大変だ」と言うと、東京の人は他人事のように思ってるでしょう。けれども、東京の人も大阪の人も日常的に新幹線に乗る以上は、浜松付近を襲う津波と無関係ではありません。

2012年の2月2日の産経新聞に気になる記事が掲載されていました。全国版だったと思いますが、元国鉄総裁・仁杉巌《にすぎいわお》氏が寄稿されていました。仁杉さんは、東京帝国大学工学部土木科を卒業して運輸省から国鉄総裁になった方です。

まさに新幹線に関する土木工事を知り尽くした方です。御年96歳（当時）の仁杉さんは産経新聞の記事で、

「現在の新幹線は、津波に配慮してつくっていない。だから、浜名湖や、熱海周辺での危険性が指摘できる。東日本大震災のような津波を想定すれば山側によせた迂回路をつくらないといけない」

というようなコメントを寄せています。

私はただちに調査しました。浸かるとしたら、何キロ浸かるか。もし新幹線が稼働している時間帯、深夜でない場合は何台浸かるかも調べてみました。かりに浜名湖辺りで、明応地震が想起される最大級の被害想定でレベル2とされる15メートルの津波が来たとします。すると、弁天島のあたりで道路・新幹線・在来線が湖面上を通っています。海抜5〜7メートルのところをです。海からの距離は約1500メートル。静岡県の第4次被害想定では、新幹線の手前で急に津波の浸水深が5メートル以下に運よく浅くなる計算にしています。それで公式には新幹線等は「安全」としてあるのですが、私は甘いと考えています。歴史史料を総合的に与えても、スマトラ島沖地震のバンダ・アチェ市や東日本大震災の宮城県名取市など平野部が津波に襲われた際の過去データを引き合わせてみても、15メートルの津波があの浜名湖の地形で鉄道の手前で容易に5メートル以下になるとは考えにくい、というのが私の考えです。バンダ・アチェ市では海から1500メートルの距離だと、12メートルの津波であっても8メートル近く浸水しています。

だから、わかっているのに「仕方がないや」で放っておくか、「やっぱりそれは人の命が失われる可能性が否定できないんだから、やれる対策はやろう」というのとの分かれ目だと思っています。なにせ15メートルの津波がすぐに来るというのです。建物の1階の高さが3メートルとすると、15メートルの津波が来るときは、計算上、5階建ての建物の屋上に5分ほどで全員が駆け上がらないと助からないというのが現実です。

新幹線の発車間隔からすると、上下線で2台以上いることもありえます。震源域でいきなり下から突き上げる揺れですから、優秀な日本の鉄道技術で車両の停止をはかるでしょうが、レール自体の変形、架線の故障が想定されるなかで、車両が脱線せず、線路の上にいられるか気になります。そのとき無事であってほしいと祈るような気持ちです。10列車が時速2百数十キロで突っ走っている最中に、いきなり突き上げられて脱線し、10分間つづいた烈震がようやく収まって、その5分後に海岸で15メートルの津波が新幹線を襲いかねないという最も厳しい想定で対策をとるべきではないでしょうか。古文書を扱っていると、どうしてもこういう具体的な映像がみえてしまいます。ではどうすればよいのか。浜名湖湾口の東側、浜松市の側は300億円かけて防潮堤がつくられつつあります。これを西側の湖西市の側にも水門とともにつくればある程度対策になるかもしれません。これには、100億円ちょっとあれば十分なはずで、私は関係者の良識と決断に本当に期待しています。

ここで、他人事と考えて「仕方がないや」と放っておくのか、「人命が失われるんだから、やれる対策はやろう」となるのか。それが生き方の分かれ目だと私は思っています。それこそ人間の良心、「無私」の心が問われていると思います。

司馬文学を解剖する

今や絶滅寸前の日本の史伝文学

歴史小説というものがあり、時代小説というものもあります。歴史小説も時代小説も、歴史に題材をとっている歴史文学には変わりありません。ただ、一般には、現実に起きた出来事に即している程度で見れば、歴史小説のほうが史実に近く、時代小説のほうが、書かれる内容が荒唐無稽で娯楽性が高くなります。

今日、この国には、歴史小説と時代小説が存在しますけれども、もうひとつ、いまや死に絶えてしまったか、あるいは、あまりふるわない歴史文学の一分野があります。

――史伝文学

です。古くは森鷗外《おうがい》が書き、新しくは司馬遼太郎の書いた『坂の上の雲』などがこれに近いとされています。いわゆる歴史文学には時代小説、歴史小説、史伝文学の3つがある。史伝文学は、歴史小説よりもさらに史実に即した歴史文学で、時代小説のような荒唐無稽な創作を排し、古文書などの史料に基づいて、実在の人物を登場させ、歴史小説よりも精密に実際の歴史場面を復元してみせる。まさに「事実は小説よりも奇なり」

の文学であり、創作による架空を楽しむというよりも、歴史のなかの事実発見や分析の妙を味わうことに、その主眼をおいています。これが史伝、あるいは史伝文学というものであろうと私は考えます。

ただ、このような史伝文学は確かな史料がないと書けません。当然、書き手は古文書が正確に理解できなければならず、その技術を持った書き手が得られないからそもそも文学ジャンルとして成立しにくいことになります。時代小説ならば、ある程度、勝手に過去を想像してもよいという誤解があるらしく、今日ではそういう「人情話」のみに読者を酔いしれさせる時代小説が、世にあふれているように思われます。

しかし、歴史小説はそうもいきません。ましてや、史伝文学は、ごまかしがきかないのです。それゆえ書き手がおらず、今日の日本には、まともな史伝文学の書き手が存在しにくいのが現状です。このように、史伝文学は、歴史文学のなかでも成立させること自体が難しい分野ですが、是非とも存在していなくてはならぬ叙述のひとつであると、私などは信じております。すべてものごとには原因と結果が存在し、原因はかならず結果の前にある。だから、ものごとの原因をたずねようとすれば、あたりまえのことですが、その行為はかならず、歴史的な思惟にならざるをえません。だから、この国に生きる我々にとって、自らのたどってきた運命の経路をさぐろうとするときには、歴史というものがどうしても必要となるのであり、なかでも、歴史場面をよみがえらせる良質の史伝文学がしっかり存在することは、いまを生きる人々が確たる自己認識を持つために、たとえ天地がひっくり返っても必要なのです。

国民の自己認識ということでいえば、現在、司馬遼太郎さんの歴史文学が、この役割を果たしているように思われます。司馬文学は、全くの創作ではなくて、ある程度、史料に基づいて、ほんとうにあった史実を語ることで成り立っています。このような司馬文学がどのように出来上がっているのか。いかなる典拠（史料）に基づいて書かれ、どこまでが本当（史実）で、どこまでが嘘（架空）なのか。まずは、その仕組みを解剖してみたいと思います。司馬文学の作られ方、その内幕をつぶさに見ることで、見えてくるものがあるにちがいありません。

司馬文学の裏側の構造を見ることで、平成の時代を生きる我々が、この国の人々に、正確な歴史を分かりやすく伝えうる文学とは、どのような方法で成り立つのか、その可能性を展望することも可能になるはずです。

司馬作品『関ケ原』をテキストに読み解く

司馬作品のなかに『関ケ原』（新潮文庫）という小説があります。そのなかに、関ヶ原の合戦の当日に徳川家康が戦場に赴く、その朝の瞬間が描かれた箇所があります。そこを取り上げて、この場面を司馬さんは、どのようにして書いたか、何をもとにして書いたか、それを解剖してみましょう。

結論からいうと、司馬さんは家康が関ヶ原の合戦に赴く場面を、ある史料から書いています。この場面を書くにあたって司馬さんが使った種本は、板坂卜斎《いたさかぼくさい》「慶長年中板坂卜斎覚書」（「慶長記」）という史料です。歴史の専門家が、司馬作品を読めば、どの史料を使ったか、おおむね推定可能です。どういうわけか、司馬さんは自己の作品について出典を明記していませんが、今後、司馬遼太郎さんの国文学的研究が進めば、どの作品が何を原史料として書いているのか体系化されるかもしれません。そうなれば、それをもとに、司馬さんの使った原史料にあたって、ここまでは史実だが、ここからは想像の産物であると、しっかり区分けして、読者が司馬作品を読むことが可能になってくるでしょう。そうなると非常に面白いのではないかと思います。

実際、先日（2006年7月1日）亡くなった元総理の橋本龍太郎氏は、

「司馬文学が好きである。かならずもとになる史料がある。自分も、その原史料を読んでみたいと思っている」

というようなことを仰っていました。こういう読み方もまた、歴史文学の楽しみとして存在しますね。

さて、司馬さんが種本とした史料の著者・板坂卜斎というのは、徳川家康の侍医です。侍医というのは権力者の姿をつねに観察し、診察する。それが、そもそもの仕事ですから、家康のことをよく見ているわけです。司馬さんはこの話を書いてはいませんが、板坂卜斎と家康の関係については、ひとつ面白い話が伝わっています。

あるとき、家康が主治医である卜斎に、

「朝鮮人蔘をやろう」

といいました。朝鮮人参は当時の高級薬材です。

「持っていけ」

というから、卜斎は人参の横にあった奉書紙つまり上質紙で包んで持って帰ろうとしました。ちなみに朝鮮人参は人間の形をしたのが一番高い。人参の根が人の手足のように4本出ています。こういう珍しい形の人参が薬効が高いわけですね。そんな俗説があって、人間形の人参は珍重されていました。おそらく、家康が持っていた人参であるからには、人間の形をした人参で、目の玉が飛び出るくらい高価なものであったと思われます。だから、卜斎は横にあった奉書紙で包もうとした。すると家康は怒りだしました。

「お前、何をやっているんだ。紙がもったいない。自分の羽織を脱いで、それで包んで持っていけ」

そういうことが史料に書かれている。家康がけちであることは、我々も、一般的なイメージとして知っています。家康に実際に会ったことのある人、それどころか、つぶさにその挙動を見てきた侍医が書いた史料から、家康のけちの度合いを見ることができる。これほど確かなものはありません。

史料のすごみというのは、このようなもので、これほどの歴史のリアリティーはない。

現場にいた一級の観察者の目撃談から、その場面を再構成できれば、歴史的瞬間をかなり正確に切り取って、現代の我々のまえに提示することができます。

だから、家康の主治医が見た関ヶ原当日の様子というのは、本当にこれ以上のリアルさはありません。家康の体調や機嫌は普段から挙動をすべて見ていないとわからない。したがって、司馬さんが「慶長記」でもって、関ヶ原当日の家康の姿を書こうとしたのは、まことに当を得ているわけです。こう書くと、司馬さんが、他の作家の追随を許さないほど、史料選択の絶妙な手腕を持っていたかのように思えますが、実は、そうとばかりもいえない。関ヶ原当日の家康を描くにあたって、「慶長記」を使う手法は、本当のところ司馬さんのオリジナルではないのです。司馬さん以前に、「慶長記」を使って、この名場面を再構成して、読者のまえに出してみせた作家がいます。徳富蘇峰《とくとみそほう》その人です。

蘇峰は『近世日本国民史』という一大シリーズで、戦前戦中にかけて、この国の国民国家としての成り立ちを我々に描いてみせました。司馬作品を読むと、この『近世日本国民史』で引用された史料をうまく活用して、蘇峰が苦労して敷いた砂利道のうえに、司馬オリジナルのアスファルト舗装を施し、歴史知識の高速道路を建設している感がある箇所にしばしば出くわします。蘇峰は史料を史料のままとして本のなかに引用し、読者のまえに提示しました。戦前の古文や漢文を読みこなす日本人には、これでもよかった。しかし、司馬さんの時代、つまり、高度成長期以後の日本人は、徳富蘇峰の時代とちがって、もはや古典の知識はとぼしくなっていました。そこで司馬さんは、史料を分かりやすく翻訳し、しばしば史料のなかにはない歴史人物の「台詞」を創作し、小説であるから、勝手にしゃべらせることもやって、その歴史場面をドラマのように再現してみせました。これが良かったと思います。古文漢文のわからない世代の日本人には受けたわけです。司馬さんの敷いた歴史知識の高速道路のうえを国民が猛烈に走り、まえの世代とは比べ物にならないほど、歴史知識の大衆化が達成されました。その意味で、司馬遼太郎さんはやはり偉大であったといえるでしょう。しかし、その偉大さの幾分かは基礎工事をした徳富蘇峰の功績でもあったことを忘れてはならないのです。

歴史小説家・司馬遼太郎の本領発揮

ここで、実際に、司馬遼太郎さんなど歴史小説家が小説を書くときにおこなっていた作業の内容をあとづけてみたいと思います。少しの史料さえあれば、史伝文学と違い、時代小説や歴史小説は、書けるメリットがあります。歴史文学は、史料を発見し、そこから歴史場面を立体的に再構成し、その意味するところを自己の思想に基づいて書き込むものです。

この一連の作業は、何人《なんぴと》にも可能なことであるように思われます。「誰でも、司馬遼太郎」といえば、無理ですが、私は、歴史文学が一般に読まれるだけでなく、一般に書かれはじめることが非常に重要であると考えます。良質の史伝文学を大量に日本人が生産しはじめ、それをみんなが読みはじめると、国も社会も変わるに違いありません。リアルな史料に基づいて自分で判断する癖が国民につきはじめると、これはその社会にとって大きな文化遺産になるに違いない。いまの国民一般の歴史に関する文学の消費のあり方はお世辞にも健全なものとはいえないと思います。情緒に基づいて、歴史のなかに司馬さんの描くようなヒーローをもとめ、歴史文学への陶酔に甘んじているかもしれません。それだけならよいのですが、これをもって日本史の実像であると考えがちです。司馬さんは歴史を見るなかで、形式と情緒に流されがちな日本人に警告を発し、合理性の大切さを訴えているはずですが、現実の読者は司馬文学を読めば読むほど、非合理な情緒に陶酔するというパラドクスさえ、生まれています。

さて、司馬さんが原史料にした卜斎の「慶長記」と、司馬さんの『関ケ原』を見比べながら読んでみましょう。

司馬さんは

〈「お軽、おえいはあるか」／と、寝床の温《ぬく》みをすてた家康は、すぐその名をよんだ〉

と書いている。お軽、おえい、というのは、陣中に連れてきている家康の側女《そばめ》で、家康は道中、彼女らに身のまわりの世話をさせています。家康は普通の武将と違って合戦の最中でも女性を連れて歩き、寝床にも二人を入れています。どんな戦場生活であったか、よく分かります。

私が2006年に上梓した『殿様の通信簿』で、家康の女性との関係については少し書きましたが、真実、家康は戦場にもかかわらず、女性を二人も連れて歩いています。この時代、普通の武将は女性を戦場にともなうことはありません。しかし、家康はそういうことには頓着しません。その家康らしい性格を、司馬さんは史料からよくすくいとっています。この部分は「慶長記」の原文にはどう出ているかというと、「早朝に女房二人御供おかちおしゐ両人をめし」と書いてあるだけです。それを司馬さんはうまく台詞に転換して、家康に「お軽、おえいはあるか」といわせ、「寝床の温《ぬく》みをすてた家康は、すぐその名をよんだ」と文学的に表現しています。実際には、すぐに名前を呼んだのか、しばらく用事をしてから名前を呼んだのか分からないけれども、司馬さんの想像でもって、寝床から飛び起きた家康が、せっかちに側女を名前で呼びつけるシーンに仕立てています。こうすると、誰にでも、その場面が想像できるようになるからです。

ただ、女性の名前は微妙に変わっています。司馬さんは「お軽とおえい」とするけれども、史料の原文では「おかちおしゐ」であります。これは後で、司馬さんがほかの史料か何かで人名が違っているのを見つけて、書き直したと考えられます。このような人名などの細かな問題は歴史文学にとって、まことにややこしい。あらゆる出版にあたっては、念には念を入れるため、出版社による間違いチェック＝校閲という作業がなされますが、歴史文学の場合、この校閲という作業がとても重要で、根気を要するといっていいのです。原史料の「おかち」と書かれた原文を手渡されていれば、どうして「お軽」になったのか、司馬さんはどうしてこの名前に変えたのかと、出版社はそのことを当然追求しはじめます。しかし、歴史文学が書かれる場合、出版社の校閲に、完全に、原史料が提示されることは通常はなく、一部が提示されても、参考程度であることが多いのです。歴史文学を作り上げていく場合には、ネタ元の史料を十二分に校閲者が精査できることが必要となります。

　史料の原文にもどれば、家康は、こういっています。「両人をめし、具足《ぐそく》持て参《まいり》候《そう》得《らえ》と御意」。要するに、具足を持ってきてください、そう叫んだ。「具足をもて」それが家康の用事でした。これは史料にある家康がしゃべった本当の台詞です。「具足持て参候得」が、家康の本当の言葉だけれど、司馬さんはこれを台詞にするときは「具足をもて」で止めている。これは大切なことです。原文の通りに書けば、おそらく読者は読みにくく、ここで飽きてしまう。これを「具足をもて」と平仮名に直して、そこで止めて先に話を進めます。これが司馬作品の特徴で、それは歴史文学としてはやっていいことでしょうし、分かりやすくするための、必要な省略といっていいと思います。

ただ、「具足持て参候得」という家康の言葉はテープレコーダーのない時代に、関ヶ原の当日に侍医がきいて、耳底にずっと響いていた音であることを考えると、ぞっとするようなリアルさを感じますから、「このリアルさの重みがもっと出せないだろうか」という感は残ります。

司馬文学の表現は、ここで、女どもが具足櫃《ぐそくびつ》を運んできたというふうに展開します。具足、鎧《よろい》は具足櫃に入っているというのは、もちろん司馬さんの想像の産物です。しかし、このように表現することで、家康の側女が、えっちらおっちら、2人で具足櫃を運んでくる様子が、読者の心に瞬時に浮かびます。

こういうところが作家としての司馬さんの力量の発揮であって、要するに無味乾燥な史料から、一瞬にして、3次元の画像空間へと飛び越えられるのです。史料から歴史場面を立ち上げるその能力においては、司馬さんはかなり優れているといっていいと思います。史料から歴史絵巻の想像へ、空想で飛び越えていくわけですが、その飛び越え方がまことに面白い。このように、原史料と歴史文学の両方を見ると、世の歴史小説家の力量ははっきり分かります。この小説家は史料はよく調べているけれども、想像力が足りない。あるいは、逆に、あの小説家は、想像力や文章力はあるけれども、あまり史料を調べていない。想像にまかせて、書いているとか、舞台を歴史時代に借りているだけで内容は史実と全く異なる、というものも、たしかにあります。

さらに、司馬さんの『関ケ原』の分析をつづけると、面白いことを書いています。「女に具足を触《さわ》らせるのはこの当時の迷信ぶかい武士たちの禁物とするところだった」。こういうところです。これはある程度の歴史知識がなければ書かない。家康は戦いに女連れで来ているうえに、鎧にも触らせている。これが家康の特徴です。歴史研究者の目から見れば、とりたてて注目すべきほどのことでもないけれども、それをわざわざ大げさに指摘してみるのは、司馬作品の面白さのひとつです。

たしかに、武士の家では、女性が武器に手を触れることの禁忌はあります。全く触れないわけではないのですが、時代劇で見かけるように、武士の家では女性が刀を持って歩くとき袖でくるんでいるようなことはありました。武家における刀や武具は、それだけで神として存在しており、鏡餅を供えるように床の間に置かれていて、容易に女性に触らせないところがあった。それを司馬さんは大きくとりあげて、こういうことを書いている。それが一般の日本人には、ひとつの分かりやすい文化論としてとらえられてきました。こういう言及は、同時代の他の作家には、あまり見られません。そのため司馬作品が傑出して見えるということになります。

つまり、同じ史料を読んでも、それを小説の文章に転換しようと作家が大きく飛び越えるときに、同じ飛び越え方はないのです。日本人が武器に対してどういう観念を持っていたか、女性に対しての清浄感、穢《けが》れ感をどう考えていたか、そういった問題にまで話を展開できるかどうか、これが重要であることが分かります。

日本人とは何かとか、日本文化とは何かとか、史料の表面をなぞるだけでなく、このような深い哲学的問題にまで踏み込んだことが、司馬文学が広く国民に支持された理由であるともいえるでしょう。歴史文学とは本来このようなものであるべきであり、私は、むしろ司馬さんが偉大であったというよりも、他に、このような当然の叙述のできる歴史作家が、悲しいかなこの国に少なかったことこそが問題であったと考えています。その意味でいえば、明らかに、戦後日本の歴史文学は貧困なものであったといわざるをえません。

史実と創作のはざまで

このように司馬作品は評論を含んでいます。しかし、その多くは創作部分でなりたっている。女性が具足を運んできたシーンのあとは、創作部分となります。司馬さんは家康にこういわせています。「出陣ときいてあの者ども（小姓たち）は勢いよう駈け出したわ」。家康の側にいた若い小姓たちがあわてて具足をもとめて宿に走る様子を家康に語らせている。

「慶長記」には、「御前に御小姓二人居申候か、御具足出《いで》候《そうろう》を見て宿へ支度に急《いそぎ》帰る」と書いてあるから、家康の周りに付いている若い男の子が、いよいよ戦争がはじまることになって、家康が鎧を取り出すのを見ると、自分も鎧の支度をしに宿へ駆け出したことが分かります。戦国の男の子にすれば、首を取ってきて、家康に見せ、手柄を立てようと、勇んでいます。だから、家康を放りっぱなしにしました。それを家康はむしろ、ほほえましく見ています。そういうシーンを司馬さんは史料から再構成しています。

これは、見事な洞察ですね。それはそうです。三度の飯より戦が好きというような男たちを、さんざん集め、強力な軍団を作る。それがこの戦国時代の空気であり、勇む小姓をしかるようでは全軍の士気がふるわない。家康は「仕方がないな」と、自分の連れていた側女たちに鎧を持ってこさせた。司馬さんは、その様子をわずかな史料から描き、「出陣ときいてあの者どもは勢いよう駈け出したわ」という台詞を家康にいわせているのです。

ここまではよいでしょう。しかし、次の部分は史実としてはやや問題があるかもしれません。司馬さんは鎧を着るのを手伝えといわれた側女が、

「しかしながら」と顔を見合わせ、「およろしいのでございましょうか」

ときいたことにしている。要するに女が鎧を触っていいのかと、家康の方の顔色を窺うシーンを創作し、さらに、家康にこういわせています。

「すらすらと行なえ。何事もひるむ心がわるい」

史料を見ても、こんなことは家康はいっていません。

実際には、家康の側女はまごつきながらも、鎧をあつかい、家康にしかられるということはなかった。ただ、よほど、まごついていたらしく、家康は傍らにいた茶坊主にむかって、

「坊主来りて手つたい仕《つかまつり》候得《そうらえ》」

といったと、原史料の「慶長記」にあります。司馬さんはこの部分を、

「坊主、おのれも手伝えやい」と「若やいだ声を出した」

と、描写している。合戦をまえに生き生きしてくる家康の声の調子を、持ち前の想像力でもって絶妙に表現しています。こういうところが、歴史文学の「味」といってよいでしょう。

そのうえで、史実がまた出てきます。しかも家康の鎧の着け方が非常に珍妙であることを叙述しはじめる。「直垂《ひたたれ》などは無用でいつも着ている小袖の上からいきなり具足をつけよ」といった。この内容は史料にあります。「慶長記」の記述から家康の鎧の着方がおかしいと指摘する。無味乾燥な古文書の文字列を、家康のこのときの鎧の着方が珍妙であると、即座に読みこなせているから、この点、やはり司馬さんは普通の歴史作家

から抜きん出ているのは確かです。

このように見てくると、司馬遼太郎はこの作品『関ケ原』に関しては、それほど、突飛な創作はしていません。ただ、歴史場面を再構成するために、文学表現として必要な、若干の飛躍をしたのみです。

「坊主の宗円は這ってしきいを越え」などと、茶坊主だからお茶の作法をこんな戦場においても守ると思ったのか、這って敷居を越えたなどと想像で書いているほかは、骨子の部分はそれほど変えていないのです。「両膝で立ち、やがて具足櫃から胴のみをとりだした」と細部を想像でもって肉付けして書いています。

ともかく、家康は関ヶ原の戦場にむかうにあたって、あまりにも風変わりな軽装であったことは、史料によって明らかです。「ふだんの小袖の上に具足の胴だけをつけ、その上から広袖の羽織をはおっ」て、「道中ずっと用いてきたとの口の塗り笠《がさ》をかぶ」ったという司馬さんの叙述は「慶長記」の「常にめさせられ候小袖の上に、胴計《ばかり》めし候。くろきひろ袖の羽織にとの口のぬり笠をめし出《いづ》」という部分をまったく口語訳したものです。

つまり、司馬作品にはあるときは、創作した架空の台詞があり、あるときには、史料をほぼそのまま口語訳しており、両者が混在していることが分かります。ただ、このことは、ひとつの問題を引き起こしています。史実であるものと、そうでないものが、出典の明記なく混ざってひとつの小説をなしていることです。そのため、どこまでが想像の産物で、どこまでが根拠のある事実なのか、読者に示されるようには、書かれていません。このことが、読む者の心のなかに、司馬さんの叙述を史実と信じてよいのか、信じられないのか、という疑問をつねに引き起こしています。そのため、司馬さんが上質の小説を書けば書くほど、読者に混乱が生じるという、司馬さんにとってはまことに気の毒な「司馬の悲劇」がおきていることになります。

ところで、家康が戦場で軽装にすべきとの考えを持っていたのは間違いありません。軽い具足がいい。重たい具足を着けて戦場に出るというのはいけない。そういう持論を持っていました。というのも、家康は井伊直政に統率させた「赤備え」を先陣に置いて戦ったのですが、この井伊直政は大変な力持ちで、重たい鎧を着て戦っていました。井伊は体が大きい。そのうえ、大きな赤地に金で井桁《いげた》を描いた旗を立てて戦いました。とにかく目立ちます。当然、敵は井伊直政の巨体にむかって銃撃を集中させました。重い鎧でなければ、弾が貫通して死ぬ。井伊はそう考えたのか、重い鎧を着ていたのです。ところが、井伊直政はよく負傷しました。鎧を脱いだら傷だらけで、生きているほうが不思議なほどでした。

ところが、徳川軍のなかで全く怪我をしない者がいました。本多忠勝です。家康も重要な合戦では必ずこの本多を使い、非常に立派な戦いをした人物で、この本多は、井伊と違い、目立たない黒い鎧を着ていました。しかも軽い。ところが、この軽い、弾で撃たれればすぐ突き抜けるような鎧を着ている本多のほうが怪我をしないのです。本多は、俊敏に動いて銃を向けられると馬の横に隠れたり、ぱっと物蔭に隠れたりして、すばやく銃撃を避けました。それで一度も戦場で負傷したことがないのです。

家康はそれを指摘して、鎧は軽いほうがいい、なるべく目立たない鎧がいいと考えていました。家康がそういうことをいったとされる史料もあります。ゆえに家康が黒く塗った笠をかぶって、日ごろ着ている小袖のうえに、鎧の胴だけ着けて戦場に行ったのは、彼の合理性を示しているといっていいと思います。そのうえ、そんな軽装の人物が、まさか、この関ヶ原の戦場における総大将家康だとは思われないような格好をわざとしていた。私としては、そうとも考えます。

ところが、司馬さんはそうは考えませんでした。「治部少輔《じぶしょうゆう》づれを討ちおとすのに、これだけで十分よ」という台詞を勝手につくって、ここで家康にいわせてしまう。要するに石田三成を討つのに重い鎧なんか着ていられるかと捨てぜりふを吐いたと書いているのです。この部分は私は見方を異にします。家康は、どうしてそんな軽装で関ヶ原にむかったのか、この問題に対して、司馬さんは家康の強がりであるかのような創作をしていますが、これには問題があると思います。

さらに、これに続けて、福島正則がすでに石田三成退治に出発したシーンを書き、家康が「そうか、大夫《だいぶ》(正則)は出かけたか」と表情を消してうなずいた、と書いている。そして「ぎりぎりのいまにいたっても気になるのは福島正則の動向であった。はたして彼がいざという場合にどういう挙に出るか、家康にも確信のある予測ができない」と続けています。ひょっとしたら、福島正則は裏切るかもしれない、家康がそう思っていたというようなことをにおわせる文章にしています。しかし、ここなどは司馬さんの歴史観にしては的確さを欠き、私などは首肯できません。

近年の研究をふまえて、歴史研究者の目から見れば、この時点になって、福島正則が裏切る可能性はゼロに近いと思います。きちんと家康と連絡をとりながら戦場で動いています。家康は、関ヶ原合戦がはじまる少し前、福島正則が岐阜城を攻め落とす前は、たしかにその去就を疑っていました。けれども、関ヶ原開戦時には、福島はもっとも戦意が旺盛であり、とても裏切るなどとは考えていなかったのです。それよりも、家康がおそれていたのは、自分の本陣の背後、南宮山にいる毛利秀元が自陣に襲いかかってくるのではないか、ということでした。

また、このとき、家康は相当にあせっていましたが、その大きな理由は、息子の秀忠の軍勢がもたもたして戦場にやってこないことでした。信濃で真田隊に翻弄され、合流できなくなっている。秀忠に持たせていた軍は、近世史家の笠谷《かさや》和比古《かずひこ》氏が指摘するように、家康にとっては、徳川の斬り込み部隊であり、これでもって、三成に一斉に攻め掛かって、徳川自身の力で敵をつぶそうと考えていました。ところが、この斬り込み部隊がやってこない。そうしているうちに、福島正則や黒田長政が予想外の活躍をはじめました。落ちないと思っていた岐阜城をあっという間に落としてしまいました。このままでは福島らの外様に先を越される。そういう焦りの感情がありました。

また、戦術的にも、福島らの先頭部隊と、家康の後続部隊が、大きく離れてしまってはまずいのです。家康が後ろから続いてくる前に、福島らの先頭部隊が、勝手に攻め掛かって戦争を起こされてしまうと、家康が後ろに取り残されたままになるからです。そもそも、この時点で家康らの東軍は数の上では明らかに、石田三成・宇喜多秀家らの西軍に劣っていました。福島や黒田が少人数で無闇に攻め掛かって負けてしまうと、各個撃破される恐れがあります。

家康はそれを恐れた、と見たほうがよいでしょう。福島隊が前進したから、後ろをついていかないと撃破されてしまう。そう考えました。家康を取り残して前進してしまうと、例えば、宇喜多と福島の戦いがはじまってしまいます。宇喜多のほうが兵数は多い。2対1で合戦をはじめられてしまうと緒戦で負けてしまう。福島を破った宇喜多が勝ちに乗って、家康の本陣に攻めてきたら、それを山の上から見物している小早川は「東軍の旗色は悪い。味方しても仕方がない」、そう思って絶対に裏切らなくなるでしょう。

この場合、家康は西軍に勝てません。むしろ負けます。それでは困ると思って、福島が出発すると、家康は、あわててあとを追いかけています。そのほうが事実に近いのですが、どうも、この部分の司馬作品の解釈を見る限り、的を射ていないように感じます。しっかり、このときの局面が伝わるように司馬さんは書いたほうがよかったというのが、率直な感想です。やはり、歴史の大きな構造の解釈の面になってくると、司馬作品も絶対ではない一例であろうと思われます。

さて、このとき、家康があまりにあわてて出ていったものだから、周りの人たちは驚いています。周囲は「出御《しゅつぎょ》はいず方へ」と家康に尋ねた。卜斎は「出御は何方《いずかた》へと尋《たず》候」と記述している。これは司馬さんも史料のとおりに書いています。

すると、家康はぶっきらぼうに答えました。「敵の方へ」。ほかの箇所でも、そういった人だったことが分かります。「敵の方へ」、これは史料にあることばで、家康は実際にそういったのでしょう。司馬作品では、家康は「笑いもせずに言い、玄関へ出た」と書いてあります。

ところが、この後にも、司馬さんは気になることを書きはじめています。

〈軒のむこうはいちめんの雨であった。雨中で篝火がしらじらと湯気《ゆげ》のような煙をあげている。／その白煙のなかから、馬が、ひき出されてきた。が、家康はかぶりをふった。雨に打たれて風邪をひくことを家康は用心している。／「駕籠《かご》がよい」〉

といって、駕籠で向かったと、そんなふうに書いています。

つまり、司馬作品では、家康は馬でなく駕籠に乗って戦場に向かったように書いているわけです。この部分は私にもよく分かりません。司馬さんの創作なのか、史料の根拠があるのか。ただ、多くの史料には「御出馬」あるいは「御馬を進めらる」と書かれています。卜斎も駕籠に乗って家康が関ヶ原の戦場に向かったようには全く書いていない。戦場で駕籠に乗るのは危険です。かえって目立つので、狙撃に弱い。だから、関ヶ原の合戦の日に、家康は駕籠で戦場に向かったという司馬さんの叙述が本当に正しいのか、懐疑を抱かざるをえません。

このあたりから、司馬さんの文章は、小説として展開しはじめます。司馬さん自身の史観の提示がはじまり、家康に、「駕籠がよい」とかいろいろなことを語らせています。

「わしにむかって戦さを仕掛けるような馬鹿者はないと思うたに、さてもさても呆気《うつけ》はおそろしいものよ」というふうに家康にさんざん強がりをいわせている。これも史料にはありません。実は、このとき家康が本当にしゃべったことは、石田三成を馬鹿にする言葉ではありません。自分が前回勝利した、「長久手の戦い」のときと、同じ展開になってきた、これは俺たちの勝ちパターンだと周囲にさかんにいっているのです。しかし、司馬さんでもさすがにそこまでは史料からすくいとれなかったらしい。そのため駕籠に乗ったとか、三成のことを馬鹿者呼ばわりしたとか、そういう話を書いてとりあえず行間をうめています。

ただ、そのあとからは、さすがに司馬さんであるといった部分もあります。「東西、ほぼ布陣を終えたときは、午前七時半ごろであった」と書いてあります。「西軍十万余、東軍七万五千余」で、家康の相手である三成側のほうがやや優勢だったというのです。陣形について説明がはじまって、これが分かりやすい。分かりやすいことは、司馬文学の最大の魅力ですね。歴史文学を書くとき、その歴史の場面、シチュエーションというものをいかに分かりやすく説明するかが課題になってきます。この分かりやすさの面では、司馬さんは他の追随を許さないものを持っています。

とくに、戦場を描く場合、臨場感があり、分かりやすいのですが、司馬さんの世代までは復員軍人の世代であることを忘れてはいけません。司馬さん自身が戦車隊の隊長であったように、ある程度の軍事教育を受けています。だから、司馬文学には、司馬さんが若いころに受けた軍事教育の影響があり、解説のところなどにはその知識があらわれている。しかし、戦後生まれの世代は自衛隊にでもいない限り、この種の軍事教育は受けていません。そういう世代が戦争史を書くようになります。これからの世代は軍事知識の背景がないから、平成の史伝文学を創るには、この軍事知識という面では、よほど、準備してかからないといけないということでもあります。

徳富蘇峰『近世日本国民史』の影響

司馬さんの叙述は、ここからまた史実に戻ります。ずっと解説があり、家康は非常に焦っていたと書いています。関ヶ原合戦の当日の家康の心理状態は「焦り」であるというふうに叙述している。司馬さんは当然、「慶長記」の原文は読んでいるはずです。しかし、すでに、徳富蘇峰が『近世日本国民史』で「慶長記」を使いながら、この日の家康を叙述しています。司馬作品のこの箇所を読むと、司馬さんの文学は史料に基づいて書いているのは間違いないのですが、国文学的な研究をしてみれば、その背景には大正の終わりから昭和の戦前期にかけて書かれた徳富蘇峰の『近世日本国民史』の影響が強く見られることが分かります。

司馬作品は蘇峰と全く同じ史料を使い、同じ箇所を引用しながら、蘇峰よりもはるかに分かりやすく史料を噛み砕いて、その場面を小説にして書いている。取り上げている話題やシチュエーションを見ると、司馬さんは相当に蘇峰の影響が強い。場所により、『近世日本国民史』をよい意味で「種本」に使っているように思えます。

たとえば、蘇峰の『近世日本国民史』の関ヶ原当日の家康の叙述を見ると見出しに「家康心荒立つ」と書いてある。「如何《いか》に平生沈著《へいぜいちんちゃく》なる家康も、此の場合、気が立ってゐたかゞ判知《わか》る」というふうに、家康がすごくいらだっている様子を指摘しています。

蘇峰は史料をそのまま引用して提示していますが、司馬作品では、蘇峰が史料で紹介した場面を現代語で書き、独創的な小説にしています。

〈しばしば用もないのに床几を立ち、そのあたりを歩いた。ときどき、

「この霧、なんともならぬのか」

と、埒《らち》のないことをつぶやき、開戦までの時間の重味にたえかねているようでもあった。霧がふかく、ほんの数メートルむこうもみえぬため、珍事がおこった〉

と書いてあります。

この日、霧が深かったことは間違いない。そこで事件が起きました。「野々村《ののむら》四郎右衛門という者が霧のために方角をうしない、家康の床几ちかくまで乗り入れ、あやうく家康の顔に馬の尻《しり》が触れようとした」。歩き回っている家康のところへ馬で乗り入れてきた野々村という旗本が馬でぶつかりそうになったというのです。

これを「慶長記」の原文で読んでみると、こうなります。

「野々村四郎右衛門と申《もうす》もの、
家康公の御馬へ馬をのりかけ候」

この段階では家康が馬に乗っていることが分かります。しかし、司馬さんは、この箇所は少しく間違えて、床几に座ったり立って歩き回ったりしていたという感じに書いている。出版社の校閲部も、「慶長記」の原文まで戻ってチェックをいれなかったらしく、見逃しています。歴史文学は、いかに正確に書いたとしても、この種の間違いはつきものであるといっていい。

さて、いらだつ家康の様子を「慶長記」が描写しています。家康のいらだちは極に達し、とうとう立腹状態になる。「御腹立候て、刀をぬき御はらいなされ候へは、野々村には御刀あたらす。御刀ぬかせられ候におとろき野々村は乗《のり》てにけけれは」とある。要するに、家康の馬に野々村という家来が、どかんとぶつかって、家康が「この野郎!」と怒り、刀を抜いて、ぱっと野々村に斬りつけた。野々村は斬られてはかなわないから逃げた。

そのシーンを司馬さんは巧みに書いています。

〈平素の家康なら苦笑ですませるか、声を発して注意をうながす程度にとどめたであろう。

が、いまの家康は別人のようであった。

「ちっ」

と叫ぶや〉

と描写しています。

もちろん、原文には、ちっと叫んだとは書いていない。しかし、そう書くから臨場感がでてくるのです。ただ、いきなり、

〈剣を抜き、やにわに横にはらって野々村を斬《き》りすてようとした。野々村は家康に気づき、／「わっ」／とわめいて逃げ去ったため、刀はその身には触れなかった〉

野々村が逃げたので、家康の刀が当たらなかった様子を「刀はその身には触れなかった」という、非常につやっぽい、いい表現で書いている。「それが、家康の腹立ちをいよいよはげしくした」。それで家康はそのそばにいる者に八つ当たりをはじめる。「御そはのもの門名長三郎と中御小姓立のもの、さしものを、さし物筒《つつ》のきわよりきらせられ候へ共」（「慶長記」）というふうに、横に立っていた人の背中にある旗指物を切ってしまった。

家康はすごくおとなしそうで忍耐力のある人に見えます。しかし、実は違う。家康は二面性を持っている人です。前述の「甲賀忍者の真実」にあるように、

「家康公は耳に臆病、目に大胆」

な人です。家康公は耳で聞いているうちは臆病である。しかし、目に大胆といわれるように、戦場に行って、現場を目にすると、がらっと人が変わった。これは家康の側で一緒に戦場をくぐり抜けてきた旗本が述べた言葉ですが、真実そうでした。

戦場に行く前は家康は「怖い、怖い」という感じです。「こんな情報が入ってきた。石田三成方が10万人を集めたらしい。でも味方は7万5000人しかいない。どうしよう」と、きわめて臆病で、情報収集と準備につとめています。家康としては、霧があって訳のよく分からないところに入っていくのが怖い。負けてしまうかもしれない。どうしよう。そういう心理状態でいます。臆病だから、熱心に情報を集め、徹底して準備するのです。

ところがいったん戦場に出たら、家康は「目に大胆」です。敵の目を見たら、こんなに大胆かというほど、人が変わったように凶暴になる。それは長久手の合戦でもそうでした。

そういえば、『後藤田正晴と十二人の総理たち』などを書いている佐々《さっさ》淳行《あつゆき》氏も同じことをいっていました。彼は浅間山荘事件を指揮したけれど、作戦において何が重要かといえば、「準備は慎重に、実行は大胆に、これに尽きる」という。家康と同じですね。

事が成せなかったり、失敗する人の多くは、事をはじめる前は非常に勢いがよくて大胆ですが、実際に、戦場や現場にたつと、臆病になってしまう。事を成すにあたっては、この逆がいい。やりはじめる前は細心の注意と臆病さでもって慎重に準備をはじめる。しかし、実行時には平気の平左衛門でいる。これが、どうも戦争に限らず、物事を人が成し遂げる上での要点のようです。

その例は他にもあります。『坂の上の雲』の主人公の秋山真之《さねゆき》がアメリカに行っていたときに「天剣漫録」というノートブックを自分で作っているのですが、これにも全く同じことが書いてあります。

「細心焦慮は準備の要領」

準備のときはまことに細かく、臆病にする。しかし、実行の段になったら平気でいく。優れた軍事家たちはすべてそういう性格を生まれながらに持っていました。

家康もそうでした。戦場にでると、大胆どころか、蘇峰が指摘していますが、凶暴性さえある。戦場で気が立っている家康は普段の家康とは違う状態だといっていいでしょょう。

　司馬さんは、その様子をよく描写しています。

〈「どけっ」

　家康は怒号した。だけでなく野々村を斬りぞこねたその抜き身をふるい、戛《かつ》、と長三郎の指物の竿《さお》を切りすててしまった。

　もっとも、この男のことである。すぐ後悔したのか、それっきりで両人を咎《とが》めだてもしない〉

　この部分は「慶長記」にあります。

「後日に野々村にたゝらせらるゝ事もなし。寛仁大度の御心なれはなり」

　家康は、戦がおわると、もうすっかり、このことを忘れてしまっている。戦争に勝った後は、お前は馬をぶつけただろう、などとは言いませんでした。

　ただし、横で見ていた卜斎は侍医であるから、家康に落馬でもされたら大変であり、本日、家康公にはこういうことがあった、と記録しています。こういう史料が残っているというのは本当にありがたい。史料に残された詳細な現場の叙述が、過去を我々に知らせる唯一のリアリティーの源泉ですね。

そのあとの司馬さんの文章は、文学としては、すばらしいものです。

〈濃霧が、二十万人の目から視界を奪い去っている。この霧では動きようもなく、敵味方とも一発の銃弾も発せず、霧のうすらぐのを待ちつづけていた〉

つまり20万人が物音も立てず、銃声もさせずに霧の中でいつ遭遇するかという、しんしんとした様子を描いています。

しかし、この文章は史実からいえば「間違い」といっていい。これは文学的に司馬さんが勝手に想像しただけで、実際には関ヶ原はこんなに静かではありません。実は1行だけ、司馬さんが「慶長記」を見落としてしまったか、あえて看過したことが、「間違い」の原因になっています。

「野々村四郎右衛門と申もの、
家康公の御馬へ馬をのりかけ候」

と書いたあたりに、「慶長記」では、「鉄炮のなるをとは、霧の内にておひたゝし」と書いてあります。現実の戦場では、開戦前の霧の中で空鉄砲をばんばん撃っていた。一発の銃弾も発射していない、という司馬作品の描写は文学的には美しいけれども、史実ではありません。史実に即して書けば、この美しい場面はなくなってしまいます。

平成の史伝文学の可能性

歴史学的に見れば、司馬作品には、ところどころ、おかしな解釈もありますが、大きな間違いはありません。この『関ケ原』という作品を全体として見るとき、そういえます。それよりも、司馬作品をつくりだしえた、すばらしく精密に現場を叙述した歴史史料が、この国に残っていることが、感動的です。だから、この史料を十二分に活用することが重要でしょう。ある程度の台詞の創作は仕方がありませんが、なるべく創作部分は減らして、その場面を史料に基づいてきちんと描くような、歴史小説を超えた史伝文学ができないか、と私は考えています。

文中に、多くの歴史批評をまじえ、歴史人物はなぜその行動を取ったのかを十二分に解説するような文学、こういったものがたぶん史伝文学であり、次世代に向けてこれから書かれていくべきなのは、そういうものではないでしょうか。司馬作品をそのネタ元になった原史料と照らし合わせて分析していくと、そのような感にとらわれます。

さらにいえば、司馬作品の段階では、史料の中でも、古記録といったもの、なかでも後年の回想録、すでに活字になった一般的史料を使って書いています。古文書の解読力がなくても執筆可能な歴史文学といっていいかもしれません。

しかし、もっと先のレベルに行くことも必要です。これから日本史を書いていこうということになれば、東京大学史料編纂《へんさん》所や国会の憲政資料室や防衛省に残っているような筆書きの史料、あるいは万年筆で走り書きしたような故人のメモまで取り集めて、歴史像を作っていかないといけない。今日、そこまでできる著者は、昭和史研究者でも数人は確かにいます。主に、口述された情報から書くということでいえば、保阪正康さんや半藤一利《はんどうかずとし》さんがいらっしゃり、特に保阪さんの昭和史研究というのは後世に残るような優れたものであり、こういう書き手が出てきています。それを考えれば、平成の史伝文学の未来はそれほど暗くはないと思います。

こうした史伝文学を書くような、若い書き手が続々と現れればよいのではないでしょうか。とにかく、この国の歴史叙述というものを豊かにしていったほうがいいと思います。

学者も、過去に学者をやりつつ一般にも分かりやすいものを書けたのは網野《あみの》善彦氏などごく少なかったかもしれません。学問の非常に高度なものと同時に、一般の人にも分かりやすく、日本が何であったのかを伝えられるということが、いま、とくに重要になっています。小説や学問領域というのは、杓子定規で境目を考えてはいけません。

司馬作品をつぶさに解析してみると、この国の歴史文学が、いまだ到達していない未踏の地に踏み込み、新たな「史伝文学」の地平を開くには、いかなることが課題になるのか、おのずと見えてきます。

まず、筆で書かれた第一級の1次史料を調べ学術研究者も見つけていない新しい事実を発見し、それを文学的に生き生きと描くことです。

後世に書かれた当事者の回想録のような「2次史料」を物語の中心素材とすることも場合によっては必要ですが、これからの歴史文学が司馬作品を乗り越えるには極力おさえたほうがよいでしょう。司馬さんが多くの史料を集めて名作を書いたのは事実であり、さすがですが、その作品を精査すれば、実際に執筆に使ったものは、すでに活字化された一般的な2次史料が多いので、まだまだ深く史料を掘りおこす余地は残されています。

司馬作品が伝説化されているのは同時代のほかの歴史小説家の調査水準が総じて低く、司馬さんだけが富士山のように屹立していたという理由によります。

ただ吉村昭さんは例外です。史料調査が緻密で事実を正しく記録する点では超絶しています。しかし、司馬作品ほどの読みやすさや、大衆性を備えてはいません。やはり、司馬さんが到達した歴史文学の段階はたいしたものです。私は吉村昭さんの記録文学が備えている1次史料の調査力・現実味と、読みやすいストーリーは両立しないものか、とも思います。司馬さんの作品段階にも、まだまだ課題はあるのです。

このような「司馬段階」を乗り越えていくためには、未公刊の1次史料を存分に使いこなし、さらには、学術研究がうち出してくる研究成果をも横目で見ながら、美しく力強い文体で歴史場面をまるでその場にいたかのように再現してみせる、筆の力が必要になってきます。そのように書かれたものこそが、真に「史伝文学」とよばれるにふさわしく、それを作って未来に残すことこそが、今日、我々に課された使命と考えます。

初出（本書への収録に当たり、加筆・修正しております）

「江戸の武士生活から考える」　「一冊の本」2010年12月号〜11年1月号
「甲賀忍者の真実」　「小説トリッパー」11年春季号
「江戸の治安文化」　「小説トリッパー」07年夏季号
「長州という熱源」　「小説トリッパー」08年冬季号
「幕末薩摩の『郷中《ごじゅう》教育』に学ぶ」　「小説トリッパー」11年秋季号
「歴史に学ぶ地震と津波」　「遼」13年冬季号（第46号）
「司馬文学を解剖する」　「小説トリッパー」06年冬季号

磯田道史　いそだ・みちふみ
1970年生まれ。慶應大学大学院卒。国際日本文化研究センター教授。2003年、ベストセラーとなった『武士の家計簿』(新潮新書)で新潮ドキュメント賞を受賞。『近世大名家臣団の社会構造』(東京大学出版会)で博士(史学)。著書に『殿様の通信簿』(朝日新聞社、のちに新潮文庫)、『江戸の備忘録』(朝日新聞出版、のちに文春文庫)、『日本史を暴く』(中公新書)など。

朝日新書
434

歴史《れきし》の読《よ》み解《と》き方《かた》

江戸期日本の危機管理に学ぶ

2013年11月30日第1刷発行
2023年 3 月30日第4刷発行

著　者　磯田道史

発行者　三宮博信
カバーデザイン　アンスガー・フォルマー　田嶋佳子
印刷所　凸版印刷株式会社
発行所　朝日新聞出版
〒104-8011　東京都中央区築地5-3-2
電話　03-5541-8832(編集)
　　　03-5540-7793(販売)

Published in Japan by Asahi Shimbun Publications Inc.
ISBN 978-4-02-273534-8
定価はカバーに表示してあります。

朝日新書

「外圧」の日本史
白村江の戦い・蒙古襲来・黒船から現代まで

本郷和人
簑原俊洋

遣唐使からモンゴル襲来、ペリーの黒船来航から連合国軍による占領まで、日本が岐路に立たされる時、そこにはつねに「外圧」があった——。メディアでも人気の歴史学者と気鋭の国際政治学者が、対外関係の歴史から日本の今後を展望する。

スマホはどこまで脳を壊すか

榊　浩平／著
川島隆太／監修

何でも即検索、連絡はSNS、ひま潰しに動画やゲーム……スマホやパソコンが手放せない〝オンライン習慣〟は、脳を「ダメ」にする危険性も指摘されている。その悪影響とは——、「脳トレ」の川島教授率いる東北大学の研究チームが最新研究から明らかに。

2035年の世界地図
失われる民主主義　破裂する資本主義

エマニュエル・トッド
マルクス・ガブリエル
ジャック・アタリ
ブランコ・ミラノビッチほか

戦争、疫病、貧困と分断、テクノロジーと資本の暴走——歴史はかつてなく不確実性を増している。「転換点」を迎えた世界をどうとらえるのか。縮みゆく日本で、私たちがなしうることは何か。人類最高の知性の目が見据える「2035年」の未来予想図。

新宗教　戦後政争史

島田裕巳

新宗教はなぜ、政治に深く入り込んでいくのか？　この問いは、日本社会のもう一つの素顔をあぶりだす。新宗教は高度経済成長の産物であり、近代日本社会の宗教体制を色濃く反映している。天皇制とのかかわりに特に着目すれば、「新宗教とは何か」が見えてくる！